▲コヨアカンにあるトロツキーの住居跡

México, D.F.

テクストとしての都市　メキシコDF　目次

8 セントロ 冥府の詩が聞こえる

エピローグ 書物と図書館 テクストの都市を旅する

関連年表

一五一九	コルテス、メキシコ到着
一五二一	メキシコの征服
一五三一	グアダルーペの聖母の顕現
一五七五	ベルナール・ディーアス・デル・カスティーリョ『メキシコ征服記』脱稿（出版は死後の一六三二年／クロニカ）
一六〇四	ベルナルド・デ・バルブエナ『メキシコの偉大さ』（詩）
一七九四	セルバンド・テレサ・デ・ミエル、グアダルーペの聖母の日の説教によって逃亡生活を余儀なくされる
一八一〇	イダルゴ神父、独立運動を開始
一八二一	メキシコ合衆国、正式に独立
一八六三	ナポレオン三世治下のフランス、メキシコに侵攻し首都を陥落。メキシコ干渉戦争
一八六四	ハプスブルク家のマクシミリアーノがメキシコ皇帝として即位。帝政を敷く（六七年まで）
一九一〇	メキシコ革命
一九一六	マヌエル・ガミオ『祖国を鍛造する』（考古学・人類学）
一九一七	アルフォンソ・レイェス『アナワクの眺め（一五一九）』（エッセイ）
一九二五	ホセ・バスコンセロス『宇宙的人種』（エッセイ）

一九二九—三五	ディエゴ・リベラ『メキシコの歴史』（壁画）
一九三〇	エイゼンシュテイン、『メキシコ万歳』の撮影を開始（三二年まで）
一九三七	トロツキー、メキシコに亡命
一九四〇	トロツキー暗殺
一九四七	ディエゴ・リベラ『アラメダ公園の日曜午後の夢』（壁画）
一九五〇	オクタビオ・パス『孤独の迷宮』（エッセイ）
	ルイス・ブニュエル『忘れられた人々』（映画）
一九五三	ルイス・ブニュエル『幻影は市電に乗って旅をする』（映画）
一九五八	カルロス・フエンテス『澄みわたる大地』（小説）
一九五九	オスカー・ルイス『貧困の文化』（文化人類学）
一九六八	トラテロルコの虐殺
	メキシコ・オリンピック
一九六九	レイナルド・アレナス『めくるめく世界』（小説）
	鶴見俊輔『グアダルーペの聖母』（エッセイ）
一九七六	マリオ・バルガス＝リョサによるガブリエル・ガルシア＝マルケス殴打事件
	大江健三郎、コレヒオ・デ・メヒコの客員教授を務める

一九七九　エイゼンシュテイン『メキシコ万歳』（未完、映画）
一九八五　メキシコ大地震
一九八七　大江健三郎『懐かしい年への手紙』（小説）
一九九八　ロベルト・ボラーニョ『野生の探偵たち』（小説）

＊本書に掲載した写真は断りのない限り、著者の撮影による。

メキシコDF《デー・エフェ》：メキシコ連邦首府México, D.F.　二〇一六年、正式にメキシコ市Ciudad de Méxicoの呼称を採用するまではこれが首都の名だった。「メキシコ市」は通称にすぎなかった。地名形容詞はデフェーニョdefeño。本書では基本的には首都であるこの都市を「メキシコ市」と呼ぶが、歴史に鑑みてDFの名称を採用することもある。

Condesa

プロローグ

コンデサ

美しい時代

フォント姉妹は、コンデサ地区に住んでいる。コリマ通りの、前庭と裏庭つきの二階建て、上品できれいな家だ。

—— ロベルト・ボラーニョ『野生の探偵たち』

✣書店裏の事務室にて

「さあ、どうぞ、そちらにおかけください」。オンライン・ショップ係のガルシアさん（仮名）は私を自身のデスクの前に導いた。二〇〇九年三月のある日、出張中のメキシコ市でたまたま立ち寄った出版社フォンド・デ・クルトゥーラ・エコノミカ（FCE）直営のロサリオ・カステリャーノス書店*でのことだ。十数冊も本を購入したので、東京の自宅まで郵送してほしいと頼んだところ、裏のオフィスに導かれた。同出版社が運営するオンライン・ショップで買ったことにするのが、いちばん手っ取り早く本を送る方法なのだそうだ。私が初めてこの都市を訪れた一九九一年からしてみれば隔世の感があった。そんな思いにとらわれている私を尻目に、ガルシアさんはPCを操作し、オンライン・ショップのログイン画面を呼び出して画面を私に向けた。

「これでログインしていただけますか？」

私はこれまで何度も利用した馴染みのサイトのログイン画面に、いつものユーザー名とパスワードを入力し、エンター・キーを押した。後をガルシアさんが引き取り、書名を確認しながらショッピングの手続きに取りかかった。

「メキシコ市についての本が多いですね。それからアルフォンソ・レイェス[**]関係ですか。必ずしも繋がりが見えるとは思えませんが……」

「それぞれ独立した二つの異なる仕事に必要な資料だと思っていただいてもけっこうです。でも、私としては、繋がりがないとは言えないと申し上げたいですね。スペインによる征服直前のメキシコ市をテクストによみがえらせて鮮やかなメキシコ市論を書いたのは当のアルフォンソ・レイェスでした。彼の名作『アナワク[***]の眺め（一五一九）』（一九一七）は、アドルフォ・カスタニョンという批評家によれば、二十世紀にスペイン語で書かれた最も美しい散文詩だそうで、あれほど印象的にメキシコ市を讃えたものはないと思いますよ」

「そうでしたね。これは失礼」

「いいえ。現実にはメキシコ市関係の本はある仕事のために必要であり、レイェスはもっと長

*ロサリオ・カステリャーノス（一九二五―七四）　メキシコの作家、外交官。

**アルフォンソ・レイェス（一八八九―一九五九）　メキシコの詩人、作家、外交官。近代メキシコ文学の父と目される存在。本書の多くの発想源となった。

***アナワク　スペイン征服前のアステカ文明中心地。ナワトル語で「水辺の地」。現在のメキシコ市を中心とした一帯を指す。

期的なヴィジョンに立っての仕事に必要なんです」

「アルフォンソ・レイェスと言えば」とガルシアさんは水を向ける。「このすぐ近くに彼の家があることをご存じですか？　今では記念館兼個人文書館になっています。カピーリャ・アルフォンシーナ（Capilla Alfonsina〔アルフォンソ礼拝堂〕）という名です」

「もちろん、存じておりますよ。何しろ私は二十年近く前に一年間、毎週一回カピーリャに通っていたのですから。そこで彼の草稿や手紙などを読んでいたのですよ。今日もそこに寄って拙著を寄贈した帰りにこの店に来た次第です」

「なるほど」とガルシアさんは笑顔になる。「それじゃあ、お帰りなさい、ですね」

　こうした場合の愛想笑いが苦手な私だが、ここは無理して微笑んでみせた。でも少し肩をすくめてしまったかもしれない。それは次に言うことへの、いわば、準備だった。

「でも当時は地下鉄のチルパンシンゴ駅から歩いたものです。メトロバスなんて通っていなかったから。今日、それでやって来たら、道に迷いそうになりました。おそらく、街並みもだいぶ変わったのだと思います」

「たしかに変わりましたね。ここらに通っておられたのは二十年近く前とおっしゃいましたか？　NAFTA（北米自由貿易協定）の発効前ということですか？」

「そうですね。NAFTA前、デノミネーション（通貨切り下げ）よりも前です。一ドルが三千ペソもする時代。サリーナス・デ・ゴルタリ大統領の絶頂期でした」

「外為レートを安値、金利を高値で安定させて経済を活性化させたように見せかける。あまり賢明とは言えない経済政策ですね。アルゼンチンはそれで破綻しました。高い金利のおかげで価値のないところにお金が生まれるから、勘違いを誘発する。この界隈の地価もうなぎ登りに上がりました」

「同時期の日本が〈バブル経済〉と呼んでいた現象ですね。この界隈というのは？」

「いわゆるコンデサと言われている地域です。コンデサ、イポドロモ、イポドロモ・コンデサの三つのコロニアを含む地域の総称ですね」

コロニアというのは街区の単位だ。メキシコ市は十六の区《デレガシオン》からなる。この区の下位に区分される単位がコロニアだ。これは無数にある。つまりコロニアは「区」というよりは「町」といったところだろうか。が、複数の町を含んだり、複数の町にまたがったりする、行政区分ではない街区の認識のしかたがある。コンデサ、イポドロモ、イポドロモ・コンデサの三つのコロニアを含むコンデサという街区が存在する。ガルシアさんはそのことを言っているのだ。そのコンデサの街区も、私が最初に留学した好景気のころ、地価が上がったのだという。

「なるほど。コンデサという呼び名は漠然とは知っています。何しろ東京在住が長く、しかも高校を卒業してからの東京人ですから、東京での楽な認識にしたがって、街をメトロ（大都市交通網）の駅を中心に考える癖がついているんですね。さっきも言ったように私はここに来るのに地下鉄のチルパンシンゴ駅を利用していました。だからここはチルパンシンゴ界隈として認識しがちなんです」

「街は見る者の認識の枠組みによって大きくその相貌を変えますからね」

「まさにそうなんですよ」と私は膝を打つ。「何よりもこの建物自体がそうです。私はかつてこの界隈を歩いていたので、この建物はよく見知っていたんです。でも昔は色が違いました。白ではなく黄土色でした。それから、ファサードに大書されているBella Epoca（ベリャ・エポカ〔ベル・エポック＝美しい時代〕）の字体も異なっていました。それに何より、ここはロサリオ・カステリャーノス書店ではなく、リド映画館でした。今日、最初にこの建物を見たときに、私はかつて自分がその前を何度も通ったあの建物だとすぐには気づきませんでした。これだけ特徴的な曲面を持ったファサードと尖塔を備えているというのに、ですよ」

ガルシアさんは微笑む。「そうおっしゃる方は意外に多いんですよ。塗装が変わるだけでずいぶんと建物が与える印象は変わります」

「重ね書きの羊皮紙《パリンプセスト》のようなものですね」

ガルシアさんはもう一度微笑んだ。その笑顔を見た瞬間、あることを思い出した。

「そういえば、この建物、ベリャ・エポカの建物について、ある日本のラテンアメリカ文学研究者が何かの文章に書いていたことを、今、思い出しました。私は不覚にもそれを読んでから今の今まで、それがこの建物に言及しているのだとは気づきませんでした。もちろん、手許にそのテクストを持っているわけではないので、確認はできないのですが、そこには私の心象とは違う何かが書きつけられていたように思います」

「さっきも申しましたように、街は見る者によってその相貌を変えますから」

「それに、ひょっとしたら時代も違うかもしれない。私がこの建物の前を通っていたのは一九九一年ですが、そのテクストを読んだのはもっと後になってからで、九〇年代の終わりか、場合によってはもう二〇〇〇年代に突入していたかもしれません」

実際には、それは九九年に書かれた文章だった（私が読んだのはそれが単行本に収録された二〇〇三年だ）。「ある日本のラテンアメリカ文学研究者」というのは、野谷文昭*だ。「失われた映画館」という短い文章でここを叙述しているのだ。九九年に四カ月間メキシコ市に滞在した野谷は、シネテカ（国立フィルムライブラリー）で古典作品と言える映画を堪能する一方で、すっかりシネコン化してしまった映画館でハリウッドもののスペイン語版（メキシコ版）かと見まがうような映画を見たと述懐している。

＊野谷文昭（一九四八―）　日本のラテンアメリカ文学研究者。東京大学名誉教授。訳書にプイグ『蜘蛛女のキス』など。

自由化、アメリカ化によって、メキシコでもこのような映画をクッシコンの利いた清潔な椅子にもたれ、コーラを飲み、ポップコーンを食べながら見られるようになったのだ。だが入場料の大幅な値上げをはじめ、その代償は決して小さくない。アールデコ調の建物が保存され、文化人が好む地区コンデサに行ったとき、ミナレット風の尖塔と曲線が印象的なブルーの建物があったので、そばによってみると、それは閉館になった映画館だった。スチール写真もポスターもなくなっていたにもかかわらず、その建物は街並みに溶け込んでいた。

そういえば、シャンゼリゼを模して作られたレフォルマ通りの顔とも言うべき大劇場シネ・ラティーノも閉まっていた。八年前、大ヒット中の『赤い薔薇ソースの伝説』を大勢の観客に混じって見た映画館だ。人々の笑いやため息が、大きなエネルギーの集合体のように感じられたのを思い出す。彼らはどこへ行ってしまったのだろうか。

（『マジカル・ラテン・ミステリー・ツアー』）

引用の二段落目で言及されている映画館は、今私がいるベリャ・エポカのリド映画館とはまた別の建物のことだ。入り口の大階段が印象的な、やはりランドマークのような建物だったラティーノ映画館だ。当時「閉まっていた」、つまり閉鎖されていたこの映画館は、今では取り壊され、跡形もない。これらの映画館はいずれも、私がその前を通っていたころは劇場運営公社（COTSA）によって運営されていたが、NAFTA発効前年の九三年、サリーナス・デ・ゴルタリ大統領によってCOTSAが売却された際に、最終的に国有財産として残った三十八軒のうちの二軒だ。COTSAは民営化後、映画館の入場料を上げたり採算の取れない映画館を閉鎖したり、あるいは世界的な波に乗ってシネコン化したりして市場の陶太を生き延びることになる。そんな時代の変化に、千席を超えるラティーノのような大型映画館は取り残され、国はそうした施設を持て余し、やがては閉鎖することになる。そのように閉鎖された古き良き時代《ベリャ・エポカ》の映画館を前にして、この時代の世界の映画界のさびしさを野谷は書きつけている。

ここに書かれている「アールデコ調の建物」の並ぶコンデサにある、「ミナレット風の尖塔と曲線が印象的なブルーの建物」がベリャ・エポカであることはほぼ間違いないだろう。「閉館になった映画館」とはこの建物全面に展開していた大劇場リド映画館だ。黄土色でも白でもなく、ブルーに塗られ、映画館としての機能を果たしていないこの建物を野谷は目撃し、書きつけたのだ。私が見たアールデコ風の文字も印象的なベリャ・エポカは、経営母体たるCOTSAが民営化される直前のもので、そのころはそれなりの賑わいを見せていた。九一年当時は、一連の新人監督が「新メキシコ映画」と称される優れた作品を発表したし、ハリウッドものを

CENTRO CULTURAL
BELLA EPOCA

▲1991年、リド映画館では『羊たちの沈黙』が上映中だった。
▶2009年のベリャ・エポカ

はじめとする外国作品も『ターミネーター2』や『羊たちの沈黙』、『シラノ・ド・ベルジュラック』などがヒットした。映画界は曲がりなりにも栄えていたのだ。きっとそのころから野谷の目に留まるまでの間に、ベリャ・エポカの映画館は市場に取り残されまいとして経営努力を続け、外装も変えてブルーにし、それでも経営が成り立たなくなって閉鎖されたのだろう。国営では民間の企業に太刀打ちできないという、グローバル化を加速する市場の神話を証明する存在になってしまった。しかる後にそれを半官半民の大手出版社フォンド・デ・クルトゥーラ・エコノミカが買い取って白く塗り替え、文字も書き換え、ただし、名前だけはそのままにベリャ・エポカ複合文化施設として新たな生を与えた。ロサリオ・カステリャーノス書店をメインに据え、映画館は二階の小さなスペースに移し、国立フィルムライブラリー分館リド映画館とした。二〇〇六年のことだ。

「どんなに外装を、相貌を変えても、この建物は一九四二年の創業以来、ベリャ・エポカの名をファサードに掲げてきたようです。この特徴によって前を通る人々に連続性を印象づけています」

「おかげで、最初は気づかずに通り過ぎようとした私も、立ち寄ることができた」

「あなたに二十年の時を隔てて再び見出されるべく、ファサードの色を変えても名前を変えなかったベリャ・エポカ」

美しい時代。

若き日の私の思い出の建物。

「まあ僕が見出す、というのも何やら偉そうで口はばったい」

「ひとりひとりが見出すんですよ。我々、都市の住民ひとりひとりが、あるいは旅行者のひとりひとりが。あなたは先ほど、重ね書きの羊皮紙とおっしゃった。私たちひとりひとりがその重ね書きの羊皮紙を好きなだけ剥がして、その上皮に隠された内部を眺める。それが都市を見、都市を記憶する者の態度だと言えばいいのでは……」

「あるいは逆に、色を上塗りするのでもいいかもしれませんね。今は白いベリャ・エポカの外壁に、昔のような黄土色のペンキを塗ってみる」

ガルシアさんはニヤリと笑った。「それがあなたにとってのベリャ・エポカです。美しい時代。あなたにとってのメキシコ市です」

「ありがとう。おかげで何とか書けそうな気がしてきました。実は私は現在、『テクストとしての都市　メキシコＤＦ』という本を書くように言われているんです。メキシコ市をめぐる集合的記憶の本です。それでご覧のようにこのテーマの本を買っているというわけです。ところが、何しろこれまではテクスト分析とか言説の歴史化といった作業ばかりをやってきた私としては、何から始めていいか、少し迷っていたのです。どうすれば都市を描けるのか？　その疑問に対する回答の糸口が見えなかった。でもあなたとお話しして、私にとっての〈美しい時代〉の象徴だったこのベリャ・エポカのファサードの変貌を、自らの思い出、自らの記憶にあるとおりに書くところから始めればいいのじゃないかという気になってきた。私の記憶も集合的記憶を構成するというあたりまえの事実に気づきました」

「面白くなると思います」。ガルシアさんは購入書籍の入力作業を続けながら、あまり面白くもなさそうに言った。「日本語で書かれるのですか?」

「とりあえずは」

「できればスペイン語でも書いて私どもも読めるようにしていただきたく思います。そしてその際にはぜひとも弊社で出版していただければ。といっても私は書店員であって、編集者ではないのですが。あなたのご高著を私の手で売る日がくることを期待しております」。入力を終え、ガルシアさんはディスプレイをこちらに向け、私に確認を要請した。私は自分が買った書籍の一点一点が入力されていることを確認し、支払い手続きに移り、クレジットカードの番号を入力した。

「これからどこに行かれるのですか? ホテルにお帰りですか?」。オンライン・ショッピングの手続きを終え、立ち去る直前の私にガルシアさんは尋ねた。

「実は今、舞台の大半が一九七〇年代後半のメキシコ市という小説の翻訳に取りかかっているところです。ロベルト・ボラーニョ*の『野生の探偵たち』（一九九八／邦訳二〇一〇）です」

「スペイン語文学の新しい時代を築いた作品ですね。それの日本語訳をされているんですか？将来の自慢になりますね」

「ありがとうございます。それで、午前中に訳していた部分で気になった記述があったものですから、そこに描かれている場所の実際の様子はどうだったかを確かめに行こうかと思っています。チャプルテペック公園へ。あなたとお話ししているうちに、ボラーニョの小説を、現実のメキシコ市各地のスポットに重ねていくのもひとつの都市の論じ方ではないかという気にもなっています。だからますます現場に行ってみたいんです」

「なるほど。現地にいることの強みですね」。少しためらってからガルシアさんは続ける。「でも『野生の探偵たち』には、このコンデサ界隈も出てきますよね？　それなら、もう少し近所を散歩されてみるのもいいのでは？　先ほど九〇年代の経済の流れとこの界隈の浮沈の話をしましたが、実はそれを象徴するかのような書店がこの近くにはあります。同じコンデサの街区内で、チャプルテペックへ向かう道すがらと言えると思います。カフェ（café）を併設した書店

＊ロベルト・ボラーニョ（一九五三―二〇〇三）　チリ生まれの作家。メキシコに住み、後にスペインに移住。『野生の探偵たち』（一九九八）は本書でもたびたび言及することになる。レイェスとならぶ発想源である。

(librería) で、この二つの語を組み合わせて「カフェブレリーア(cafebrería)」を名乗るペンドゥロ(El Péndulo〔振り子〕)という店です。九〇年代の半ばにヌエボ・レオン通りに開店して、今では市内に六店舗ほどを構える、いずれも同じコンセプトで統一された書店です。カフェを併設する本屋というこの店が、コンデサに文化的でお洒落な地区とのイメージを与え、近年の人気回復に寄与しました。ポランコにあるいちばん大きな店舗は、イギリスBBCが「世界で最も美しい書店十選」に選んだほどの店です。スペイン語圏からは他にブエノスアイレスのアテネオという、劇場を改修した書店がランクインしています。残念ながら私どもロサリオ・カステリャーノス書店は、ご覧になったように、同様にカフェを併設しているのですが、その栄光に浴することはできませんでした。ですが、そうしたところに足を延ばしていただくのも一興かと思いましてね」

「なるほど。ありがとうございます。そういえば、実はこちらの書店のことは、去年メキシコに来たある友人から教えていただいていたんですよ。この書店の名にもなった作家ロサリオ・カステリャーノスの研究者です。自分の研究対象の名を冠した書店があると聞いて行ってみたら、素晴らしかったと。だからぜひ行ってみるべきだと言われました。そのときは住所をうかがっていなかったので、私がここを見つけたのは偶然ですが。でも、それがベリャ・エポカの建物だったので、ますます欣喜雀躍《きんきじゃくやく》、入った次第です。でもこの書店のことを教えてくれた友人も、ペンドゥロのことは教えてはくれませんでした」

「お友だちには感謝しなければいけませんね」

「さらに言うと、今回メキシコに来る飛行機では別の友人と乗り合わせました。カステリャーノス研究者とも共通の友人です。この第二の友人もカステリャーノス研究者の推薦を受け、この書店に来ています。さっき、フロアで会いました。BBCには選ばれずとも、こうして口コミによって信頼できる人から人へと伝わりますから、私たち日本のメキシコ研究者は、多くがこの店を訪ねることになると思います」

私の言葉に慰められたのだろうか、ガルシアさんは満面の笑みを浮かべた。

「ありがとうございます。私はオンライン担当で、そんな私が申すのも何ですが、書店はじかに訪問するのがいちばんですからね。じかにやって来て、欲しかった本を探すだけではなく、書棚の配列の妙によって思いがけない発見をしたり、新刊の数々を眺めて時代の流れを感じたりする。それが書店に行くことの効用です」

「まったくそのとおりですね。書架はひとつの世界ですから、見る者の前に思いがけない光景を展開する」

「つまりひとつの都市でもあるわけです。見る者によってその相貌が変わる」

私はガルシアさんの肩を叩いて別れを告げ、店を後にした。それ自体がある作家の記憶を伝

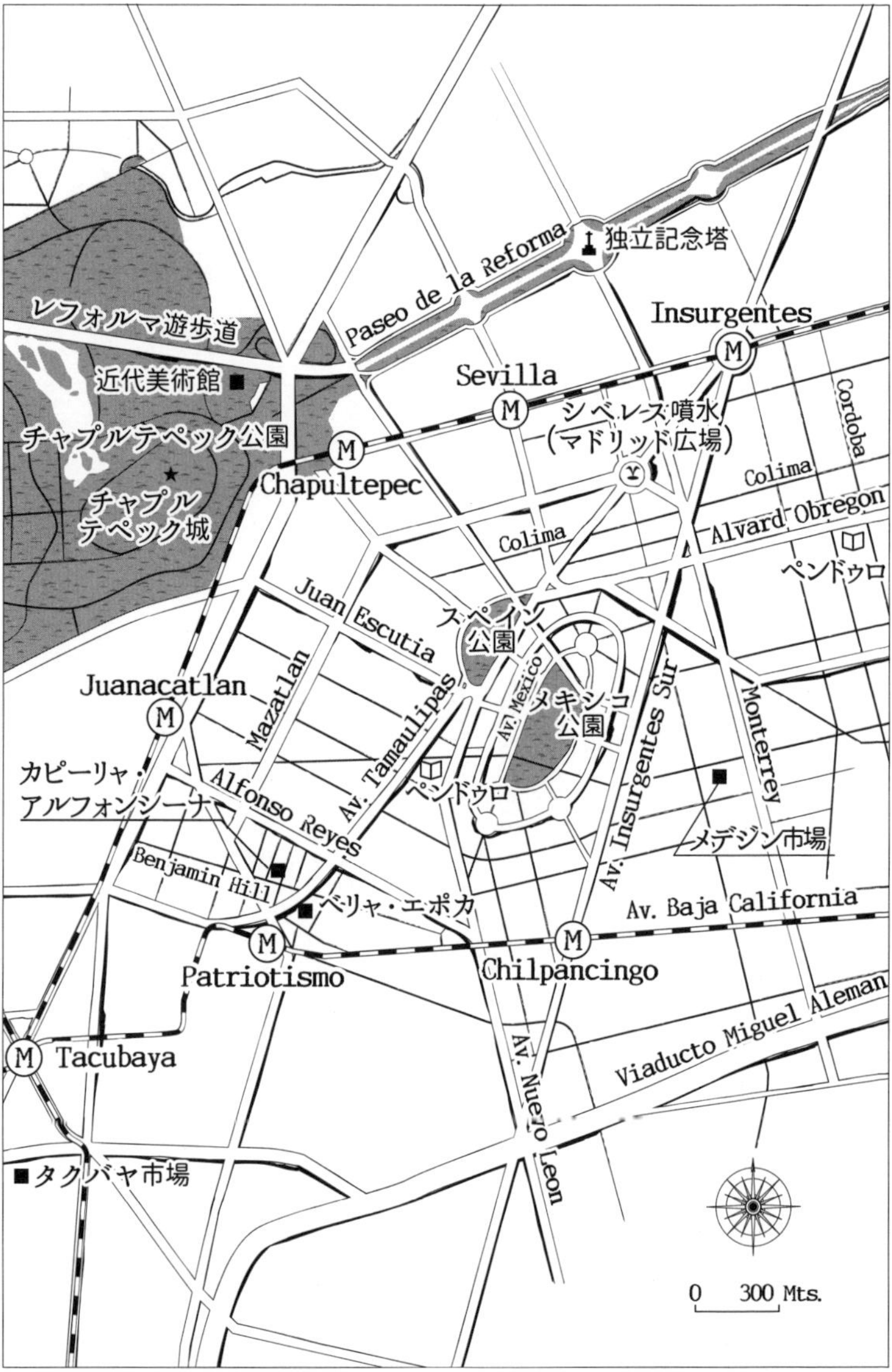

CONDESA コンデサ

えるロサリオ・カステリャーノス書店の目の前は、ベンハミン・ヒル通りという。まっすぐ左に行けば、話題に出ていたアルフォンソ・レイェス記念館だ。並行して走る背後の通りはアルフォンソ・レイェス通り。都市はこのように建物や通りの名にもなにがしかの記憶を閉じ込めている。私が歩くだけでここに、革命の将軍ベンハミン・ヒルがよみがえり、メキシコ文学の父アルフォンソ・レイェスがよみがえるのだ。この二つの通りの間を歩きながら、通りの名にこそなっていないものの、レイェスの父にして革命期に大統領候補とみなされ、暗殺されてしまったベルナルド・レイェス将軍すらも私は思い出す。レイェス将軍が知事を務めたヌエボ・レオン州の名を冠した通りを目指し、アルフォンソ・レイェス通りを右折する。ヌエボ・レオン通りはこれと交わるはずだ。頭のもう一方の片隅では、『野生の探偵たち』に登場するフォント姉妹の家はコリマ通りだっただろうか、と記憶をたぐる。小説にはコンデサを象徴するスペイン公園への言及もあったが、コリマ通りというのはあのあたりだろうか？　そしてまたペンドゥロ書店はその公園よりも手前にあるのだろうか？

Anáhuac

1

アナワク

空気の最も澄んだ土地

我々の仲間の中には、目の前の光景は夢ではないのかとさえ言う者がいたほどだった。

——ベルナール・ディーアス・デル・カスティーリョ
『メキシコ征服記』

✣旅人たちのメヒコ

ベニート・フワレス国際空港への着陸準備に飛行機が高度を下げた。コンデサの書店での会話の前日のことだ。ふだん絶対に通路側の席に陣取ることにし、離陸時にはもう気を失っている（普通に言えば、眠りに落ちている）高所恐怖症の私も、このときばかりは目を覚まし、気もそぞろ、隣の客越しに窓の外を眺める。飛行機の旅ではこうして地上を見おろす瞬間がいちばん好きだ。もうすぐ生きて地に足をつけられると思えば、高度への恐怖も忘れられる。

前の年にこの国第二の都市グワダラハラに行ったけれども、首都は六年ぶりだ。びっしりと立ち並ぶマッチ箱ほどの大きさの家々とその合間で蠢《うごめ》いている蟻ほどのサイズの人々を眺めおろしながら、久しぶりに呟いてみる。「旅人よ、君は空気の最も澄んだ土地に着いたのだ」。これが私のメキシコに降り立つ前の儀式なのだ。

メキシコ市は面積千四百八十五平方キロメートル、人口約八百九十五万（二〇一五年）、近郊の都市を含めた都市圏人口だと二千万を超す世界有数のメガロポリスだ。この都市はしかし、標高二千二百五十メートルながら周囲はもっと高い、最高で五千メートル台の山々に囲まれた盆地になっているので、空気が滞留する。自動車の排ガスや工場の煙突から出る煙などが堆積しスモッグを産む。ここはひところ、世界でいちばん大気汚染のひどい都市と呼ばれた。いまだバブル経済の夢覚めやらぬころの日本にやって来たとある政治家が、巨大な扇風機のような装置を作って周囲の山に設置し、空気を浄化したいと夢のような計画を披露して援助を訴えたことがあったほどだ。

　そんな大気汚染で有名な都市を眼下に見据えて「空気の最も澄んだ土地」と呟くのは、別に皮肉でも何でもない。ここは少なくとも二十世紀の初頭までは、その美しさで旅人たちを魅了した街だったのだ。

　最初に来た「旅人」は、言うまでもなく征服者エルナン・コルテス*その人だった。彼はこの地を、現地の呼び名にしたがってメシコとかテノチティトランと呼んだ。文字を持たなかったアステカの人々に代わって、スペイン人たちは、当時のスペイン語の表記法にしたがい、「メシコ」の名にMéxicoの文字を当てた。その後、スペイン語の変化に伴い、Xの文字が口蓋音(「ハ」行の音)をも表すようになり、人はこの都市とこの国の名を「メヒコ」と発音するようになった。こうした変化を受け、一八一五年、スペイン・アカデミアはスペイン語の表記法を

＊エルナン・コルテス(一四八五—一五四七)　スペインの征服者《コンキスタドール》。キューバの征服に従軍し、後にメキシコを征服。

改正し、口蓋音はJの文字で表すこととした。メキシコはMéxicoではなくMéjicoになったのだ。ところが、一八一五年というとメキシコはスペインからの独立戦争を戦っていたころだ。勝手に表記法を変えられては困る、との対抗意識が多くの人の心に芽生えたはずだ。もはや宗主国ではないスペインのアカデミアに従う必要はないとの思いを抱いただろう。結果的に独立後もメキシコはMéxicoの表記を採用し続けた。近年ではさすがにスペイン・アカデミアは現地語法重点主義を採り、「メヒコ」「オアハカ」「ハラーパ」などのメキシコの地名だけはそれぞれ、Méjico、Oajaca、JalapaではなくMéxico、Oaxaca、Xalapaと表記することを許容しているけれど、それらは現代スペイン語の表記法においては、あくまでも破格だ。かくして表記はこのようにXを残しているけれども、現在では国名としてのメキシコも首都の都市名としてのメキシコも、「メヒコ」と発音されている。

日本ではこの国と都市の名Méxicoを英語風に、というよりも英語からさらに日本語風に転訛した呼び方で「メキシコ」と呼んでいる。首都の名を同じく英語風に「メキシコ・シティ」と呼ぶ人もいる。が、私はあくまでも「メキシコ市」と呼ぼう。アルフォンソ・レイェスは首都メキシコ市のことを英語風にMexico Cityと書いたあるフランス人作家に対し、フランス語では国名としてのメキシコMexiqueと首都の都市名としてのメキシコMexicoの使い分けがあるのに、なぜそれを使わないのかと詰め寄ったことがあった。そんなエピソードを知っている私としては、安易に「メキシコ・シティ」とは言えないのだ。そしてまた、外来語の発音に柔軟な日本語の特性を活かし、国名を「メキシコ」、首都名を「メヒコ」と呼び分けることもあるかもしれない。

以後、メキシコ市またはメヒコ、そして時にはDFと私たちが呼ぶことになるこの都市は、コルテスの到着した一五一九年当時は、メシコ（メシカ人の地）またはテノチティトランと呼ばれていた。そしてここはアナワク盆地内に広がる湖の上に浮かぶ都市だった。盆地の中央には広いテスココ湖と、その周囲にいくつかの小さな湖があり（塩水湖もあった）、テスココ湖上に整備され、湖畔の諸都市と堤道で結ばれたその最大の都市がアステカ帝国の首都メシコ＝テノチティトランだったのだ。青い湖面は陽光を照り返し、周囲の山々の姿を反射し、空気を澄ませ、都市周辺をきらめかせていたに違いない。その姿にコルテスは目を見張ったのだ。彼に同行しその記録を残したベルナール・ディーアス・デル・カスティーリョ*は、湖畔の都市からイスタパラーパ（現在はメキシコ市内、南東の郊外に相当する）を通過して帝都を目指す遠征隊の驚きを次のように記している。

＊ベルナール・ディーアス・デル・カスティーリョ（一四九五または六一―一五八四）スペインのクロニカ（年代記）作者。コルテス軍に帯同し、『メキシコ征服記』を書いた。

翌朝、道幅の広い堤道に出た我々はイスタパラーパへ向かって進んだ。水の上にも陸の上にもそれこそ沢山の大きな町が立ち並び、一方平らな堤道が真っすぐにメシコ市まで延びているのを見た我々はすっかり驚嘆し、これはまさしくアマディスの本に語られている夢の世界のようだと口々に言った。水の上に高い塔のように築かれたかずかずの神殿と建物はいずれも石で造られたものばかりだった。我々の仲間の中には、目の前の光景は夢ではないのかとさえ言う者がいたほどだった。私がこのような書き方をするからといって驚かないでいただきたい。それまで見聞きはおろか夢想だにしなかったというのがこのとき我々の目にした光景であってみれば、私としてもそれをどのように表したらよいか見当もつかないのも無理からぬことだからである。

(『メキシコ征服記一』　訳注を削除し、表記を一部改めた)

ここで想起されている「アマディスの本」というのは、ガルシ・ロドリゲス・デ・モンタルボの手になるとされる(成立については未詳)騎士道小説『アマディス・デ・ガウラ』(一五〇八、未邦訳)のことだ。これをきっかけとして十六世紀スペインではこのジャンルの読み物が大流行した。約百年後にミゲル・デ・セルバンテスが『ドン・キホーテ*』でこのジャンルを、そしてとりわけそれを代表する『アマディス・デ・ガウラ』をパロディ化したことは、よく知られ

▲湖上の都市テノチティトラン想像図　写真提供：Getty Images

ているところだ。コルテス一行は、こうした空想の物語のような世界を、この湖上の都市に見出したというのだ。

騎士道物語がとりわけスペインで、よりによって十六世紀に流行したことは決定的な意味を持った。征服者《コンキスタドール》たちはヨーロッパから新大陸へ向かう長い船旅の間、流行の騎士道物語を読んで無聊《ぶりょう》の慰みとした。ひとりひとりが部屋に籠もって黙読するのではない。識字率も低かった当時は、字を読める者が音読して他の者たちに聞かせていたのだ。それは格好の娯楽のひとときであったに違いない。みんなでわいわい言いながらひとつの物語を読めば、印象もそれだけ密に共有できる。こう

＊『ドン・キホーテ』　ミゲル・デ・セルバンテス〈一五四七—一六一六〉によって書かれた最初の近代小説。前篇一六〇五、後篇一六一五年刊。

して彼らは新大陸に騎士道物語の痕跡を確認していった。パタゴニア、カリフォルニア、アマゾニア（アマゾン）……といったこのジャンルに由来する地名が多いのは、そのことの結果だ。

船の中での娯楽として知った者のみでなく、そもそも流行の騎士道物語にほだされて新大陸に冒険に出かけることを決意した者もいる。たとえば当代を代表するキリスト教神秘主義の思想家聖女テレサ（聖テレジアと言われることもある）の弟は、騎士道物語に描かれたような冒険を求めて新大陸に旅立つとの決意を述べた手紙を姉に送っている。こうした人が船の中でお気に入りの騎士道物語を字の読めない仲間たちに読んで聞かせていたのかもしれない。だとすれば、読み手の感情移入が増し、聞いている者たちへの熱の感染力は高まったことだろう。こうして皆、騎士道物語の世界に生きながらにして現実のアメリカ大陸を見ることになったのだ。まるで騎士道物語を読みすぎて自らも騎士になることを決意したドン・キホーテその人のように。

ドン・キホーテならば隣に従者サンチョ・パンサがいて、あれは怪物ではなく風車だと教えてくれるから、まだ読み物として面白くなる。しかし、訂正してくれる者もなく、みんなが皆、風車を見て騎士道物語に登場する怪物だと思い込んだとしたら、事態は異なってくる。かくしてアメリカ大陸には現実に存在しない怪物が溢れることになる。大足の怪獣パタゴンだの女戦士アマゾネスだの……アメリカ大陸は魑魅魍魎《ちみもうりょう》の跋扈《ばっこ》する世界として描かれ、ヨーロッパの人々にそう信じられることになった。

ANAHUAC　1519 年のアナワク

しかし、怪物たちがうようよいる世界の奥には、ユートピアもある。ヨーロッパとアメリカ大陸との接触から生まれたもののひとつにユートピア文学がある。トマス・モアの『ユートピア』（一五一六）に始まるこのジャンルには、当時初めてヨーロッパ人たちの意識に出現した地方、つまりアメリカ大陸の存在が大きく影を落としている。そもそも『ユートピア』の語り手ラファエル・ヒスロディは、アメリカという名の由来となった征服者アメリゴ・ヴェスプッチの航海に参加した人物ということになっている。ユートピアの概念が広まると、その起源にプラトンの書き残したアトランティスの伝説を置く見方が主流になっていくのだが、その名も『ニュー・アトランティス』（一六二七）というユートピア小説を書いたフランシス・ベーコンは、アトランティスはメキシコだと明言している。

以上のような征服期の文物や事実は、現代ラテンアメリカ文学を読む上でも重要な基礎知識だが、ともかくここで確認したいのは、コルテス一行がテノチティトランを前にしたときのこの驚きは怪物ではなくユートピアを目にしたときの反応そのものだということだ。ユートピア文学に描かれる理想郷の特徴のひとつに島であるという要素が挙げられるが、湖上に浮かぶ都市テノチティトランは文字どおり島であり、整備されたその都市のありさまは、理想的な統治が行われるユートピアを想起させるに充分だ。こうした記述があるからこそ、アトランティスはメキシコだったとのベーコンの主張も受け入れられたのだろう。ここが理想郷であったとしてもおかしくない。理想郷だからこそ征服されたのだ。

✣定住者によるメヒコ

コルテスによる征服の過程は、後々、簡潔にではあるが述べることになるだろう。こうして驚嘆した旅人コルテスはこの湖上の都市を征服し、メキシコはヌエバ・エスパーニャ（新スペイン）という名のスペイン植民地副王領となる。テノチティトラン周囲の湖は埋め立てられていき、都市は拡大する。現在では、湖などほとんど跡形もない。しかしこの灌漑や埋め立ては二十世紀まで続いたそうで、つまり都市は四〇〇年近くをかけて徐々に拡大していったのだ。時代ごとの絵地図や写真を見ると、その変遷がわかる。

植民地化もだいぶ進んだころに、メキシコを印象的に謳いあげたのは、スペインから派遣されてきた聖職者ベルナルド・デ・バルブエナ*だった。最終的にプエルト・リコに没したこの人物はメキシコに長く住み、その名も『メキシコの偉大さ』（一六〇四、未邦訳）という詩を残した。イサベル・デ・トバールという貴婦人に向けてメキシコの偉大さについて語るという形式のその詩は、位置、建造物、街路、職業などの項目別の九つの章を立てている。第一章で謳わ

＊ベルナルド・デ・バルブエナ（一五六二―一六二七）　スペインの聖職者、詩人。

れるのは、次のような都市の概要だ。

暖かく涼しい風に包まれ、
こんなところに人の住む世があろうなどと誰も思わない場所に
花と物に満ちたこの都市は位置を占める。

（略）

二つの澄んだ湖の上にその身を支える
細く柔らかな殻の上に乗り、
あちらこちらを波に囲まれた都市、

大規模に開拓され
塔を、尖塔を、窓を備えた
壮大な仕掛けが姿を現す。

（『メキシコの偉大さ』）

快適な気候と澄んだ空気を誇るこの都市が、いまだ「二つの澄んだ湖の上にその身を支える」湖上の都市であったことがわかるだろう。第六章「不死の春とその顕れ方」を謳った章では、まず、伝統的なアレゴリーの手法で神話を呼び出し、春の到来を描いた後で、「世界の一般はこうしたものでしょうが、／このメキシコの天国では／涼気が座を占めているのです」として次のように謳う。

奥方、ここでは涼しい手を持つ空が
どうやら美しい庭園を見つけ、
自らそれの守り人となったようです。

ここでは一年中が五月と四月で、
気温は快適、寒さもほどよく、
空は静かに晴れ渡り、空気は繊細。

（同前）

温暖で清澄、つまりメキシコとは「天国」なのだ。

時代は飛ぶが、二十世紀の初頭にメキシコの地の美しさを印象的に謳いあげたテクストのひとつがアルフォンソ・レイェスによるエッセイ『アナワクの眺め（一五一九）』（一九一七）だ。ただし、執筆当時ヨーロッパにいたレイェスがここでやったことは、同時代のメキシコ市の美しさを描写することではない。そうではなくて、ここで引いたベルナール・ディーアスをはじめとする文物を引用して解釈し、征服直前のメキシコを再現することだった。少し長くなるが、引用しよう。こんな具合だ。

アメリカからの旅行者は、ヨーロッパ人にアメリカの地には木がたくさんあるのかと訊ねられ、うんざりさせられる。アメリカ版カスティーリャの地のことを語って聞かせると、彼らはびっくりするのだ。何しろそこは、彼らのカスティーリャよりも高い位置にあり、もっと調和に富み、彼らのものほど険しくもないのだから（もっとも、その台地の縁にあるのは丘ではなく、巨大な山々なのだが）。そしてそこでは空気が鏡のように輝き、永遠の秋を満喫できるのだから。カスティーリャの平原は禁欲的な思想を人に吹き込むが、メキシコの盆地はむしろ、気楽で素朴な考えを吹き込む。前者は悲劇的なものにおいて勝り、後者は毅然としてはいても包容力がある。

わたしたちの自然には二つの相反する面がある。ひとつは高らかに歌い上げられたアメ

リカという処女地の密林であり、これについてはここに描写するまでもないだろう。（略）
　わたしたちのものは、アナワクのものは、もっと素晴らしく、アクセントに富んだものだ。少なくとも、意思と明晰な思考を常に覚醒させておきたい人々にとっては。わたしたちの自然にもっとも固有な眺めは、中央台地地域にある。そこにあるのは無愛想で紋章のような植物群であり、その眺めは組織された景色のようでもあるが、その空気はとてつもなく澄んだものなのだ。そんな空気の中では、色すらもが息苦しくなってしまうが、それを全体に調和の取れた配置が補っている。輝く空の中で、あらゆる物事がくっきりとその独自の姿を浮き彫りにしている図だ。ひとことで言ってしまえば、慎ましくも繊細なマヌエル・デ・ナバレーテ（一七六八―一八〇九、ヌエバ・エスパーニャの聖職者、詩人）の次の言葉につきるだろう。

　輝く光が
　空の表面を照らしている

　その名をもって誇るべきヌエバ・エスパーニャを永遠のものにしたあの偉大なる旅行者も、そのことを見て取っていた。ルネサンス時代が生みだした人々のように古典の素養と普遍的な視点を持った人物。彼の世紀に、旅によって見聞を広めるという古くからの方法と、自らの人生の思い出やそれについての反省だけをもとに書くという習慣を人々に知らしめたあの人物、フンボルト男爵（アレクサンダー・フォン・フンボルト　一七六九―一八五九　ドイツの博物学者。南北アメリカ大陸を旅し、その成果の学術書と旅行記を多数書いた。『政治的試論』とは『ヌエバ・エスパーニャ王国についての政治的試論』のこと）は、その『政治的試論』の中で、中央高地での奇妙なまでの太陽光線の照り返しについて書いている。そこでは空気が純化するのだと。

（『アナワクの眺め（一五一九）』　邦訳の一部表記を変え、巻末訳注の一部を割注に替えた）

一行目にある「アメリカ」は、もちろんアメリカ合衆国のことではない。ここではヨーロッパに対比されるアメリカのことであり、スペインに滞在していたメキシコ人レイェスの立場を考えれば、具体的にはメキシコのことと思っていい。スペイン人たちにメキシコには木があるのかと訊ねられてうんざりしていたレイェスの溜め息が聞こえてきそうだ。そんな立場にあったレイェスが、スペイン中央部であるカスティーリャの台地とメキシコ中央の台地を比較して論じているのだと思えばわかりやすい。そしてレイェスが語っているメキシコの中央台地の古名が、繰り返すと、アナワクである。

ここでレイェスはくだんの「ヨーロッパ人」からの奇妙な質問に答え、「包容力がある」アナワクの台地（山に囲まれているので、盆地でもあるのだが）には「紋章のような植物群」があるのだと、その植物群を包む空気が「とてつもなく澄んだもの」だと説明している。さらにはその空気の澄んださまをマヌエル・デ・ナバレーテの詩行とフンボルトの観察（「空気が純化する」）を引いて傍証している。

この文章は『アナワクの眺め』第一章の最後あたりの数段落だが、この章の冒頭にはエピグラフに擬した一文がある。それが、「旅人よ、君は空気の最も澄んだ土地に着いたのだ」というものだ。今しがた引用した文章末尾でレイェスはフンボルトの言葉として「空気が純化する」という表現を使っており、そのため、このエピグラフはフンボルトからの引用だと勘違いされがちだが、どうやらレイェスの創作になる一文のようだ。エピグラフの流儀に反して誰の言葉かが明記されていないことからもそう考えるのが妥当だろう。つまり私がメキシコ空港への着陸直前に唱えることにしている決まり文句は、アルフォンソ・レイェスのものなのだ。

❖テクストとしての都市

もちろん私は、空気がきれいだったころのメキシコ市を知らない。メキシコの空は時にどんよりと曇り、そこにスモッグが加わることもある。当然のことながら晴れる日もあるのだが、その日の空気が「純化」していると感じたことはない。それでもレイェスの言葉を呟き、常に念頭に置きながら歩くことによって、メキシコ市は私にとって「空気の最も澄んだ土地」へと姿を変える。子供のころから扁桃腺の弱い私は、季節の変わり目などには激しく咳き込む。少し無理をすると扁桃炎を発症する。季節の変わり目とは、大抵が新学期のころだから、大学の授業にも支障が出て、時には授業が中断されることもある。そんな体質でありながら、最初にメキシコにやって来た一九九一年当時は日に二箱ほどもタバコを吸っていた。その私が、喫煙の習慣は捨てることなく、空気が世界で最も汚かったこの街で過ごした間は、一度として咳に悩まされることはなかった。視覚による認識や客観的なデータによるならば、この街は正反対の場所かもしれないけれども、私の喉は確かにここが空気の澄んだ場所だと告げているかのようだったのだ。私たちの認識など、かようにあやふやなものだ。であれば、既に確かなものとして存在する書かれた文章を通じてこの都市を認識することに何の不都合があるだろうか？私はレイェスのテクストを通じ、メキシコ市を「空気の最も澄んだ土地」と認識する。

都市を前にして、都市を歩きながら、人はただその表層を眺めるのではない。文献を通じ、想像力を通じ、他者の記憶を通じて、その街角の異なる相貌を幻視してもいるのだ。一八四二年三月十三日付の『十九世紀』紙上の記事で、メキシコ市中心街を描写するにあたってギジェルモ・プリエト*は、次のように前置きをしている。

不滅のヴィクトル・ユゴーによる小説『ノートル・ダム・ド・パリ』を仔細に読んだ者は、そのノートル・ダム聖堂の生き生きとして活発、幻想的な描写を決して忘れないだろう。その建築物にいわば情熱を付与し、その配列を表情あるものにしている力強い想像力も忘れられない。その天井や柱にある一時代の、あるいは何世紀にもわたる明らかな特徴を見出しているのだ。

（「メヒコ中心街一瞥」）

メキシコ十九世紀の風俗描写主義（コストゥンブリスモ）を代表するこの作家は、自身の文章の十一年前に発表されたフランス・ロマン主義の代表的作家の名作小説を読み、作品内の描写が何気ない街の風景や建造物に人間的な意味を与えうるということに気づいたようだ。ノートル・ダムは単なる石の塊でしかないかもしれない。けれども、ひとたびユゴーを読んだ者は、彼の想像力を媒介にして、そこに表情を読み取るだろう。そこを有機的な何ものかとして眺めるようになるだろう。プリエトはそう述べている。

そういう認識を得たプリエトは、これからメキシコ市中心部を描写するに際して、自らの筆でこの街に生命を吹き込もうとの野心を燃やしているようだ。この直後、（屋上の雨樋などの都市の景観が）「宿している生命、情熱を、私の前に露わにし、この都市が姿を変えるところを見

＊ギジェルモ・プリエト（一八一八—九七）　メキシコの作家。

せてくれることを望む」と書いている。プリエトの描写したメキシコ市は、残念ながら、この後、パリを模範とした都市整備によって表向きの見た目をがらりと変えてしまい、よほど深く調べない限り、確認するための手がかりを見出すのは難しいかもしれない。それでも、整備され変化した都市の要素の隙間から垣間見えることはあるだろう。

私たちが「テクストとしての都市」を歩くとは、実に、現実の都市を歩きながらにしてアルフォンソ・レイェスの描いた都市やギジェルモ・プリエトの描いた都市を歩くことに他ならない。「テクストとしての都市」は、なるほど、現実の都市とは異なるかもしれない。現実の都市の背後、もしくは裏、あるいは地下にあるものと言えるだろう。だからといってそれは非現実的な場所ではない。それは多くの人にとって共通の場所でもある。

前節末尾で私は、レイェスの「旅人よ、君は空気の最も澄んだ土地に着いたのだ」という文章を「決まり文句」と呼んだ。決まり文句をのことをスペイン語では lugar común と言う。もともとラテン語の句なので、スペイン語に限らず他のヨーロッパ語でも同様の表現があるが、これはつまり、直訳すると「共通の場所」の意味だ。「空気の最も澄んだ土地」としてのメキシコ市は、今や「共通の場所」なのだ。

たとえばキューバの小説家アレホ・カルペンティエール*の小説『春の祭典』(一九七八)では、二人の主人公のうちのひとりエンリケが、メキシコを訪れた一九三〇年ごろのことを回想しながら、こう述べている。

ところで、この革命という日常言語は、ある朝大気澄み渡るアナワクの地で目覚めて以来、単に革命という用語となって僕の周りを巡っていた。

(『春の祭典』　傍点は邦訳原文、傍線は引用者)

ここでは、メキシコ中央盆地の古名アナワクを修飾する句として、まるでいわゆる枕詞のように「大気澄み渡る」という表現が使われている。

枕詞のようにというよりは、比喩として「大気澄み渡る」(「空気の最も澄んだ」)地という表現をメキシコ市に対して用いているのが、ロベルト・ボラーニョだ。『野生の探偵たち』第二部第四章の語り手アウクシリオ・ラクチュールはこう語る。

というのも、誰もが知っているか考えているか想像しているとおり、DFで生活するのは簡単なことですが、いくらかのお金を持っているか、奨学金をもらうか、仕事を持つかし

＊アレホ・カルペンティエール(一九〇四―八〇)　スイス生まれのキューバの作家。『失われた足跡』(一九五三)など。

てさえいればという意味で、わたしには何もなかったのです。空気のもっとも澄んだ土地にやってくるまでの長い道のりでわたしからいろいろなものが抜け落ちてしまったのですが、その中には、どんな仕事でもこなすエネルギーも含まれていたのです。

（『野生の探偵たち』　傍点は引用者）

ウルグアイ人アウクシリオ・ラクチュールは、彼女が住んでいた一九六〇年代のメキシコ市、あるいはメキシコ連邦首府（DF）を言い換え、「空気のもっとも澄んだ土地」と言っている。極めつきは小説家カルロス・フエンテス*だ。彼の最初の長篇小説は、その名も『澄みわたる大地』（一九五八）という。原題（*La región más transparente*）を示せばレイェスの表現（la región más transparente del aire）には二語（「空気が」に相当する句 del aire）足りないけれども、翻訳出版以前の日本語による紹介文はどれも、『大気澄み渡る地』をはじめ、「空気が」にあたる語を補ったタイトルで紹介しており、これがレイェスの表現を踏まえたものであることは間違いない。だいたい、小説の最終章はまさに、「空気が最も澄んだ土地」と題されている。そして何と言っても、フエンテスはレイェスを師と仰いで慕い、彼から多くを学んだのだった。邦題に言う「大地」は湖上の都市メキシコを指したこの句とはいささかずれた印象を与えるものの、ともかくこのタイトルはレイェスの作り出した決まり文句すなわち「共通の場所」を示唆しているのだ。

レイェスの文章はこのように受け継がれ、再生産され、誰もが踏襲するひとつのトピックに転じている。メキシコ市に着いた瞬間にそこを「空気の最も澄んだ土地」と呼ぶことは、この「共通の場所」としてのメキシコ市に足を踏み入れるということだ。それはメキシコ市の表面には顕れない深層を見ることであり、幻想を見ることである。そしてまたメキシコ市をただ見ることではなく、それを感じるということでもあるだろう。

✣メキシコ市を感じる

メキシコ市を感じると言ったときに、少しばかり悔しい気持とともに思い出すことがある。私がメキシコに滞在していた一九九一年のある日、友人が日本からやって来るというので、空港まで迎えに行ったときのことだ。タクシー・チケットを買い、車を拾いに空港ロビーを出るなり、友人が呟いたのだ。「そう。この匂い。これがメキシコだよね」。

友人というのは学生時代からの畏友（というよりも悪友）で、彼はその何年か前、まだ学部学生だったころに数カ月メキシコに滞在していた。その後大学院に進学してメキシコ研究者の卵

＊カルロス・フエンテス（一九二八—二〇一二）　二十世紀メキシコを代表する作家。『アルテミオ・クルスの死』（一九六二）など。

となり、今、あらためて留学のためにメキシコ外務省の奨学金を得てこの地にやって来たのだった。私はここで暮らし始めてまだひと月くらいだったので、つまり彼は私に比べてメキシコ体験が長かった。その彼が私の感じ得ないある匂いに反応し、これこそがメキシコ固有の匂いだと郷愁を込めて言ったのだ。新参者の私としては一種の嫉妬のようなものを感じないではいられなかった。

空港を出た先にタコスの屋台でもあれば、話は違っただろう。ある地方の料理からはそれ特有の匂いが立ち昇る。中華料理ならばニンニクがごま油に混じった匂いが鼻腔を刺激するだろう。イタリア料理のレストランの前を通ると、同じニンニクでもオリーヴオイルと綯《な》い交ぜになった芳香に包まれ、私たちは腹の虫を鳴らす。東南アジアの料理から漂うパクチーの香りも嬉しい。だからそこにタコスの屋台でもあれば、間違いなくコリアンダー（つまり、パクチーだが）とトウモロコシの混じり合った匂いに気づいたことだろう。

とはいえ、タコス屋から漂ってくるのがトウモロコシの匂いであることに気づいたのはずっと後になってから、東京でのことだった。あるメキシコ料理店の前を通ったときに、店から懐かしいトウモロコシのトルティーヤ（タコスを包む皮）の匂いが漂ってきたからだ。その瞬間、そういえばメキシコではこの匂いを嗅いでいたのだと思い出した次第だ。

東京でメキシコ料理店とかタコス店と名乗る店のなかには、メキシコ北部から合衆国南部にかけての地域の料理、いわゆるテックスメックスのそれが少なからずある。テックスメックスは私が主に知るメキシコ市周辺、国内中央部の料理とはいささか異なる。いろいろと違いはあろうが、いちばんの大きな違いはトルティーヤがトウモロコシではなく小麦粉のものであるということだ。小麦粉のトルティーヤがいけないというのではない。それはそれでおいしかろう。けれども、味と匂いは決定的に異なる。それらは異なる料理なのだ。

トルティーヤはメキシコの主食で、これをパン代わりにして主菜のソースに浸したり、あるいは主菜そのものを中に巻いたりして食べる。主菜をトルティーヤに巻いたものがおしなべてタコスと呼ばれはするものの、メキシコ市内の一般的なタコス屋や屋台で売られているそれは、小さめのトルティーヤを二枚重ねにした上に牛肉や豚肉の料理を載せ、薬味に刻んだタマネギとコリアンダー、そしてサルサ、つまりソース（基本的には三種類ほど置いてある）をかけ、ライムを搾って食する。だからタコス屋からは、こうしてトウモロコシとコリアンダーの交ざった匂いが立ち昇るのだ。

しかしながら、そのときの私たちの目の前にはタコスの屋台も店もなかった。ただ排ガスをまき散らすタクシーがいただけだった。メキシコに固有の匂いとは、どうせ大量に吐き出されるガソリンの匂いだろう、と私は悪びれてみせた。しかし友人はそうではないと否定し、あくまでもメキシコの匂いが存在するのだと主張した。

その後しばらく私はメキシコ市に住み、東京に戻ってからも何度もこの街を訪れてはいる。しかし、何度この街に戻って来ても、そのとき友人が感じたような固有の匂いを空港ロビーを出た瞬間に感じることはできないでいる。時には自分がメキシコ市を充分に感じることができていないのではないかと考えることがある。私にはこの街を語る資格がないのではないかと自信を喪失する。

その代わりに私が感じるのは、空気の薄さだ。高山病にかかるほどではないにしても、さすがに二千メートルを超す高度になると、空港を、いや、飛行機を出た瞬間、酸素が希薄になっていることを実感する。肺と心臓が慌ててその動きを速める。わずか数秒のことで、やがて臓器は落ち着きを取り戻すのだが、何度この地に降り立っても、これは常に新たに経験することではある。「空気の最も澄んだ」この都市は、一方で、空気が人の胸をざわつかせる都市でもある。

そこに降り立った瞬間に固有の匂いを嗅ぎ、空気の濃度による体調の変化を自覚すること。こうしたことがその土地を実感するということと言えるだろう。メキシコ市を描写するなら街に特有のこの感覚を伝えたいものだ。「共通の場所」としてのアナワク盆地＝メキシコ市が「テクストとしての都市」であり、テクストすなわち文章は匂いを、空気中の酸素濃度を感覚として伝えることはできないにしても、その雰囲気を少しは味わってもらいたいものだと思う。

繰り返しになるが、この年のこの旅の最中に私はロベルト・ボラーニョ『野生の探偵たち』を翻訳していた。時差ボケで早朝に目覚めてしまうことを利用し、ホテルの朝食までの時間を翻訳に費やし、朝食後、そこで言及されている場所に出かけ、細部を確認したりしたのだった。そうして実感したことは、チリ出身のこの作家がこの長篇小説で試みたことのひとつは、彼が青春時代を送ったメキシコDFの雰囲気の再現だろうということだ。雰囲気というのは言葉にできない空気のことであり、比喩的に言うなら匂いのことだ。

ボラーニョが遺した創作ノートのひとつには「僕はDFの詩人になろう」と書かれているのだが、詩人になるということは、詩情（ポエジー）という、ひとことでは表すことのできないエッセンスを言葉に変えて表明する人物になることだ。つまり、「DFの詩人」とは、DFに漂う匂いや空気の濃淡、雰囲気などを表現する者のことだ。ボラーニョはまさにそうした作家である。詩人である。『野生の探偵たち』は私たちに、ある詩人たちの青春の物語を語っているだけでなく、DFの空気を伝えてもいる。だからこそボラーニョは新しいのであり、尊いのだ。

私は友人が感じた匂いを感じることができない。したがって、私が私自身の感覚だけでメキシコ市を描いていては、その友人が感じたらしい匂いを読者に伝えることはできないかもしれない。しかし、私はボラーニョの感じたメキシコを感じる。レイェスの幻視したメキシコを感じる。そうして感じたメキシコを、これらのテクストに仮託して描写することで、この嗅覚の欠落を埋めることはできるのではないか。そう思えばこそ私は「テクストとしての都市」メキシコＤＦに迷い込むのだ。

Zócalo 2

ソカロ

地下から溢れ出る詩情

お前、この爛漫と咲き乱れている桜の樹の下へ、一つ一つ屍体が埋まっていると想像して見るがいい。何が俺をそんなに不安にしていたかがお前には納得が行くだろう。

―― 梶井基次郎「桜の樹の下には」

❖グリート　ソカロの表の顔

メキシコ市を訪れるなら、一度は九月十六日を含む期間に行くことをお勧めする。ただし、その日に到着するスケジュールではいけない。遅くとも前日には市内にいたいもの。九月十六日はメキシコの独立記念日で、前日から独立を祝う行事が始まるからだ。

独立記念日前日の十五日にメキシコ市に入ったら、市の中心広場ソカロに足を向けていただきたい。昼間から三々五々、そこに人が集まってくるだろう。晩には広大なソカロが人でいっぱいになるに違いない。立錐の余地もないというやつだ。深夜近く、広場の東の辺を端から端まで占める長大な大統領官邸二階中央のバルコニーから、官邸の主が国旗を掲げて厳かに姿を現すだろう。大統領はそこにある鐘を鳴らすと、民衆に向けて叫ぶ。「メキシコ人たちよ、私たちに自由と独立をもたらしてくれた英雄たち万歳！」。それに応えて広場の群衆も叫ぶはずだ。「万歳！」。それから大統領はミゲル・デ・イダルゴ*にはじまる独立戦争の「英雄たち」の名をひとつひとつ挙げ、彼らに対して「万歳」を叫ぶ。群衆はそのたびに「万歳」と応える。さながら音楽のコール&レスポンスのようなその「万歳」のやり取りを繰り返すうちに、場を

▲独立記念日の大統領官邸とソカロ（1991年撮影）

包む高揚感はいやが上にも高まっていく。それが絶頂に達したところで大統領は「独立万歳！　メキシコ万歳！」と叫び、民衆はひときわ大きな声で「万歳！」と応じる。大統領がもう一度鐘を鳴らすと、軍楽隊の演奏する国歌が流れ、皆、大きな声でそれを歌う。

グリート（叫び）と呼ばれるこの儀式は、毎年九月十五日の夜に開かれ、その模様は全国一斉にテレビ中継され、広く国民に共有される。ソカロに詰めかけることのできない人々も、テレビの前で大統領に呼応することができる。こうして一体感は全国に広がる。だが、やはりソカロに出向き、人にもみくちゃにされ、遠くからとはいえじかに大統領の姿を目にし、彼に呼応して叫んで得られ

＊ミゲル・デ・イダルゴ（一七五三―一八一一）　メキシコの聖職者。独立戦争の口火を切った。

る満足はひとしおだろう。国際社会においてメキシコの独立が正式に承認されたのは一八二一年九月二十七日のことだが、メキシコでは一八一〇年の九月十六日早朝、ドローレス村のイダルゴ神父が反スペインの狼煙を上げ独立を訴えたことをもって独立とみなし、この日を独立記念日としている。毎年この日を迎える直前、十五日の深夜にこうしてイダルゴ神父の叫び（グリート）を大統領と民衆が呼応しながら繰り返すことによって、政治的な一体感がこの場所で演出される。それは国民としての意識を確認する瞬間であり、政治的な（上からの）記憶の想起の瞬間だ。この瞬間、ナショナリズムはこの上なく高揚する。

こうしたナショナリズムの高揚の瞬間が広場で展開されることが重要だ。典型的なヨーロッパの都市は中央に広場を置く。広場は周囲を庁舎や教会、商店などに取り囲まれ、市民の政治・経済・宗教（精神）生活の中心となる。メキシコはアメリカ大陸の国とはいえ、三百年にわたってスペインの植民地だったのであり、植民地の拠点として造られたメキシコ市は、当然、そうした典型的なヨーロッパの街並みの構造を踏襲している。メキシコ市の場合、その中央広場がソカロだ。憲法広場というのが正式名称ではあるが、日常的にはソカロである。ちなみに、これは他のスペイン語圏には存在しない語だ。ここはロシアの赤の広場、中国の天安門広場に肩を並べる、世界三大広場のひとつだ。

ほぼ正方形の広場は北の辺を幅五十九メートル奥行き百二十八メートルにおよぶ巨大なカテ

▲完成に300年を要し、ゴシック／バロック／プラテレスクらの様式が入り混じることとなったカテドラルとソカロ（1991年撮影）

ドラル（大聖堂）が、東の辺を大統領官邸（国立宮殿）が占める。他の二辺は二つないしは三つのブロックに分割され、建物も細分化されている。カフェや宝飾店などの商業施設が広場に面している。広場の真ん中には国旗掲揚台があり、祝日などには巨大な国旗がはためく。もちろん、独立記念日前日のスペクタクルも、国旗が見守っている。

メキシコ独立記念日に限らず、大統領官邸とその前の広場での政治スペクタクルは、ヨーロッパやラテンアメリカの国々では馴染みのものだ。ヒトラーやムッソリーニといったファシストたちが大群衆を前に演説する姿は、多くの写真や動画映像で再生され、そのイメージは私たちの脳裡に焼きついている。キューバのフィデル・カストロの演説も大群衆が直接耳を傾けている。エビータことエバ・ペロンも、ファースト・レディとしてアルゼンチン大統領官邸カサ・ロサーダ（「ピンクの家」の意だ。事実、サーモンピンクのファサードは印象的）のバルコニーから、民衆に向けて演説をした（もちろん、夫のペロン大統領も）。じかに体験したわけでもないのに、これがことさら私たちの記憶に残っているのは、ミュージカル『エビータ』の、そしてその映画化作品のクライマックス・シーンにもなっているからだろう。チリで一九七〇年に選出され、七三年のクーデタに倒れるまで大統領の職にあったサルバドール・アジェンデも、しばしばバルコニーに出て、官邸前でデモをする（賛成派も反対派も）人々に直接語りかけた。

余談だが、私は思うに、デモンストレーションが民主主義における正当な意思表示の手段であることも知らず、テロと同一視したりする幼稚な政治家がわが国でのさばってしまうのは、東京の政治の中心地に広場が存在しないからではあるまいか。首相官邸前が道路だからではないのか（日本でこうしたスペクタクルが生じるのは皇室の一般参賀だけか）。

日本の事情は今は措いておこう。メキシコでは市民による大統領への意思表示としてのデモンストレーションはソカロで頻繁に行われているようだが、独立記念日以外では、アジェンデ時代のチリのように民衆と大統領が広場とバルコニーとで対話する機会というのは、実際にはあまりない。だからこそメキシコ人たちは、年に一度のこの機会を通じてメキシコ人としてのあり方を再確認し、二百年前の独立戦争の始まりを想起する儀式に重きを置くのだ。ソカロはそのスペクタクルの劇場となる。この劇場としての、大統領と民衆との対話劇の舞台としての顔が、ソカロの表の顔だ。

✣ソカロの裏の顔

ソカロには裏の顔がある。カテドラルや大統領官邸の内部だ。バルコニーに現れて市民と正対する前に大統領が控えることになる、いわば劇場の舞台裏だ。側面から官邸に入り、ソカロの裏面、劇場の舞台裏を見てみよう。

ＩＤ（旅行客の場合はパスポートで可）と引き換えに入場許可をもらえば、見学は自由だ。入場できるのは中庭や建物の一部に限られているけれども、大抵の観光客の行く場所はひとつに決まっている。ディエゴ・リベラ*の代表的壁画『メキシコの歴史』（一九二九―三五）が描かれた大階段だ。

メキシコ革命（一九一〇―）の騒乱が、とりあえずの憲法制定（一九一七）によって落ち着きを獲得すると、その意味づけと制度化の時期が始まった。作家たちは「革命小説」を書き、新政府は公教育を充実させて国内隅々の農村に教師を派遣した。こうした事業において重要な役

＊ディエゴ・リベラ（一八八六―一九五七）　フランスで活動していたところ、バスコンセロスに招喚され帰国、壁画運動を推進したメキシコの画家。

▲リベラ『メキシコの歴史』部分（2018年撮影）　撮影：池本さやか

割を果たしたのが、一九二〇年から教育大臣の地位にあった作家ホセ・バスコンセロス*だが、彼はまたフランスで活躍していたリベラらを呼び戻して壁画運動も始めた。国内の公共の場に、字の読めない人にも革命の意義をわかってもらえるよう、壁画を描かせるのだ。この運動には多くの画家が携わり、主題も様々な作品を制作した。それらの多くは今も残り、都市の景観に彩りを添えている。メキシコ市は壁面にアートの溢れる都市なのだ。

壁画運動を代表する画家リベラの代表作のひとつが『メキシコの歴史』だ。タイトルのとおり、先住民の時代から征服、植民地支配を経て、独立するメキシコの歴史を大階段の壁面いっぱいに（そして二階の回廊の壁面にも）絵巻物のように展開した傑作だ。ここには革命批判の要素や社会主義国家建設を呼びかけるカール・マルクスとおぼしき人物も描かれ、必ずしも政府の公式見解にそぐうものではない、リベラなりの解釈に基づく「メキシコの歴史」が刻まれている。これが大統領官邸に描かれているのだ。後述するが、同じくリベラによる、レーニン像を描き込んだニューヨークのロックフェラー・センターの壁画は、日の目を見なかった。マルクス像を容認したメキシコ政府の器量がわかるというものだ。

バルコニーから大統領が呼びかけ、国としての独立の記憶を想起させ、いわば上からのナショナリズムを確認する場所がソカロの表の顔だとするならば、画家ディエゴ・リベラの独自の解釈に基づく、そして時には国の「上からのナショナリズム」とは相容れない、彼なりのオルタナティヴな歴史観（つまり記憶）とナショナリズムが展開されているのが、ソカロのひとつの裏の顔である。ソカロとはつまり、このように一方向ではない多方面からの記憶が交錯する場所だ。物事が表と裏から見える場所だ。複数の声が響く場所だ。

多方面、と書いたのは、表と裏のみが存在するからではない。ソカロには地下からの声が漏れ出て地表を覆う場所もあるからだ。

＊ホセ・バスコンセロス（一八八二―一九五九）メキシコの作家、政治家、教育者。『宇宙的人種』（一九二五）などの著作で知られる。

✣地下からの語りかけに耳を澄ませる

二〇〇九年のメキシコ訪問中、同時にロベルト・ボラーニョ『野生の探偵たち』を訳していた私が漠然と感じたのは、彼の（あるいは作品内の人物たちの）地下恐怖症とでも言うべき傾向だ。「地下恐怖症」という言い方はいささか物騒だろうか？　とりあえず、地下からの語りかけに耳を澄ませる感受性、と言っておこう。小説の主要登場人物たちが地下からの何かを感じ取っているのだ。「地下からの何か」とは「徴候」という言葉で言い換えてもいいが、ここでは「語りかけ」としておこう。たとえば、第一部がフアン・ガルシア＝マデーロという十七歳の少年の日記形式となっているこの小説のだいぶ最初の方で、ガルシア＝マデーロは、以下のように書きつけている。前の晩に友だちになったばかりの若い詩人二人を、酒場で待ち伏せしているところだ。

五時間待っての収穫は次のとおり。ビール四杯、テキーラ四杯、食べかけで残したソペ・トルティーヤ（腐りかけていた）、しまいまで読んだアラモの最新の詩集（新しい友達と一緒にからかってやろうと思い、わざわざ持ち歩いていた）、ウリセス・リマ風に書いた文章七編（一つ目は棺桶の匂いがするソペ・トルティーヤについて、二つ目は大学が舞台、すっかり取り壊された大学だ、三つ目は大学が舞台、僕が全裸でゾンビの大群の間を走る、四つ目はメキシコ市（ＤＦ）

の空に浮かぶ月について、五つ目はある亡き歌手について、六つ目はチャプルテペックの下水道にある地下社会について、そして七つ目は一冊の失われた書物と友情について）、というか、正確には僕が知っているウリセス・リマの唯一の詩、つまり読んだのではなく耳で聞いたあの詩に似せて書いた文章が七編、それと肉体的かつ精神的な孤独感。

（『野生の探偵たち』邦訳原文の訳注を削除）

ボラーニョはゾンビ映画が好きで、語り手が見たゾンビ映画のストーリーをただ語るだけという短篇も書いている。あるいは、これは一九七五年末から七六年にかけてのことを語っている日記なので、時代性もあるのかもしれない。ここでガルシア＝マデーロはゾンビやゾンビがいたとしてもおかしくない「地下社会」について語っている。腐っているようなので残したソペ（トルティーヤに具材を載せ、揚げた料理）のことや、前の日に喧嘩をしてサボっている大学のこと、その喧嘩の原因となった詩作ゼミの先生アラモの詩集のことなどと並べられているので、ゾンビや「チャプルテペックの下水道にある地下社会」などは語り手の一種のオブセッションなのだと思われる。ガルシア＝マデーロはこのように、地下を感じ取っている。

ガルシア＝マデーロが待っている相手というのが、アルトゥーロ・ベラーノとウリセス・リマという二人の若き詩人だ。それが小説の主人公で、第二部は二人の詩人にゆかりの人物たちに対するインタヴュー集となっている。アルトゥーロの高校時代を語る元恋人ペルラ・アビレスの証言は、作家が持つ地下への感受性をもっと具体化して教えてくれている。彼女が父親とアルトゥーロの三人でトラスカラの父親の土地に乗馬に行ったときのことを回想しながら述べる箇所だ。

> 何時間かして父の車で家路についたとき、そのとき彼が前の座席にいてわたしは後ろに座っていて、彼がわたしに、たぶんあの土地の下にはいつの時代かのピラミッドが埋もれていると言った。父が車の進路から目を離して彼を見つめたのを覚えてるわ。ピラミッドだって？　ええ、と彼は言った、地下はピラミッドでいっぱいに違いありません。父は何も言わなかった。わたしは後部座席の暗がりから、どうしてそう思うのかと聞いてみた。彼は答えなかったわ。それからわたしたちは別の話をし始めたけれども、わたしはなぜ彼がピラミッドのことを言ったのかとずっと考えていた。ピラミッドのことをずっと考えていた。父の石ころだらけの土地のことをずっと考えていた。
>
> （『野生の探偵たち』　傍点は邦訳原文）

桜の樹の下には屍体が埋まっている。そう言ったのは梶井基次郎だった。古来より数限りなく詩歌に詠われ日本人の美意識の中核を形づくっているはずの花、桜が、腐乱して悪臭芬々《ふんぷん》、蛆のたかった屍体から滋養を得ていることの恐怖。あるいは美と醜とが背中合わせになっていることとの恐怖を説いた短篇「桜の樹の下には」でのことだ。日本人であるとは、この恐怖を感じながら毎年春には桜を愛でる思いを理解できる者の謂《い》いかもしれない。同様にメキシコに暮らす者とは、ヨーロッパからの征服者が破壊し、地層の中に埋めてしまったいつの時代かのピラミッドが地下深くに眠っているのかもしれないとの予感を抱く者のことかもしれない。

ピラミッドというのは、スペイン人たちに征服された先住民たちの記念碑的建造物である。話はピラミッドには限らないのかもしれない。あるいは現代メキシコ人とは、地下に眠っている先住民の記憶を常に感じ取りながら、先住民の声、先住民の語りかけに耳を傾けながら生きている者のことなのかもしれない。そして先住民たちが、ゾンビのごとく地下世界からよみがえるかもしれないとの恐怖をも抱く者のことかもしれない。

地下にピラミッドが横たわる場所があるとすれば、それは広場に違いない。事実、メキシコ市の広場の下には先住民の神殿（やピラミッド）が横たわっている。広場の地下からは征服された者たちの叫び声が湧出してくる。もちろん、首都の中央広場、ソカロの地下にも先住民の神殿が横たわっている。

▲カテドラル（1991年撮影）

✣中央神殿

ソカロの大統領官邸の辺とカテドラルの辺が接する角に、メキシコ市の広場がその下に覆い隠してきた「征服された者たちの叫び声」がむき出しになっている場所がある。それはこの国の中心地にぽっかりと開いた穴だ。時空の裂け目のようなものだ。その時空の裂け目から、征服された者たちの叫び声が溢れ出ている。埋められた先住民たちの記憶が、そこから何かを語りかけてくるのだ。

そこに開いた「時空の裂け目」「征服された者たちの叫び声」とは、既にほのめかしたように、ピラミッドだ。先住民の神殿だ。中央神殿と後に名づけられた先住民たちの宗教実践の場の跡が、キリスト教のカテドラルの隣、やや後方にひっそりと顔を覗かせているというわけだ。

この事実が示唆することは、こうだ。スペイン人たちは先住民の宗教儀礼の場所を破壊し、その上に（でなくとも、せめてその隣に）自分たちの宗教儀礼の場を建てた。ということは同時に、スペイン人たちが先住民の造り上げた地政学上・宗教上の配置を利用し、それに乗じて自分たちの街を造り上げたということでもある。征服とは単なる破壊ではなく、破壊に基づく下部構造《インフラストラクチュア》の再利用でもある。そして宗教という世界観の塗り替えでもある。重ね書きの羊皮紙なのだ。

このように再利用されるために埋められたのだから、実は中央神殿は長いこと誰の目にも触

▲中央神殿（2009年3月撮影）

れず、忘れられた存在だった。あるいは、都市伝説のように、目には見えないけれども、その存在がまことしやかにささやかれる、そういう存在だった。現在メキシコに行く者は（一九九一年に初めて行った私もそうだが）カテドラル横にそれが存在するのがあたりまえのような感覚にとらわれてしまうが、これの発掘が始まったのはたかだか四十年ばかり前のことなのだ。

既に十八世紀にはそこに飾られていた女神像や暦が発見され、二十世紀初頭には位置の確定もされていたこの中央神殿が、現実に発掘されるのは一九七八年からのことだ。その端緒となったのが、その年の二月の電線の地下埋設工事（ソカロの外縁、今は自動車の通る道路になっているところは、かつてトラムが走っていた）であったというのだから、なんとも示唆的ではないか。先住民の建物は植民者の建物のために取り壊され、地下に埋められ、それよりも新しい近代の産物のために露わにされるのだ。

確認しておかなければならないのは、今しがた引用したロベルト・ボラーニョがメキシコにいたのは七七年までのことであるという事実だ。そしてまた、『野生の探偵たち』は七五、七六年のメキシコを舞台としていることも明記しておこう。つまり、「ピラミッド」が地下に存在するという予感を抱いていたこの小説の登場人物たちは、まだこの中央神殿の姿を目にしてはいなかったのだ。ピラミッドは、そしてピラミッドとともに地下に埋められてしまった先住民たちのうめき声は、予兆としてボラーニョに、そしてその小説の登場人物たちに届いていたのみだ。逆から眺めてみれば、埋められてもなお先住民たちのうめき声は、地上に蠢く人々の無意識に働きかけるほどの存在感を発揮していたのかもしれない。超音波のように?

❖中央神殿の発掘と価値づけ

ともかく、一九七八年二月、中央神殿の遺跡がソカロの一角の地下で発見された。それから遺跡の発掘、修復の作業が始まった。国立人類学歴史学研究所(INAH)の都市考古学プログラムに携わっていたエドワルド・マトス=モクテスーマ*をチーフとして中央神殿プロジェクトが発足し、発掘に当たった。発掘は七八年から八二年まで続いた。次いで、遺跡の隣に保存と保護、価値の伝播を目的とした中央神殿博物館が設置され、その初代館長にマトス＝モクテスーマが就任した（現在の館長はパトリシア・レデスマ＝ボウチャン）。

遺跡は掘りっぱなしでは済まない。保存と価値の伝播が必要になってくるのだ。考古学の成果は後世に伝えられなければならない。また、この発見・発掘・研究によって歴史認識が、教科書の歴史記述が変わるかもしれない。そうなると新たな知見に基づいて、場合によっては修正された正しい認識を広めなければならないのだ。ことは国家のアイデンティティ（国民の意識、ナショナリズム）にもかかわってくる。博物館が併設されることの意義はそこにある。

考古学の作業は三段階に分節される。事前の調査と実際の発掘、そして発掘後の価値づけだ。まずは史資料やそれまでの発掘の成果を基に古代の世界を予想し、場合によっては新たな遺跡のあるべき場所を論理的に特定したりする時期がある。そして実際に発掘し、修復、再現する時期がある。無事に遺跡を再現した後には、その価値について考察し、古代世界についてのヴィジョンを確認・修正する時期がある。マトス＝モクテスーマは、中央神殿プロジェクトもこうした三つのプロセスから成り立つと説明している。いずれの段階についても論文が書かれ、本が出版されるものだが、中央神殿にかかわる出版物は一九九九年の時点で二百五十点にのぼ

＊エドワルド・マトス＝モクテスーマ（一九四〇―）　メキシコの考古学者。

ったという。

中央神殿とカテドラルに挟まれた空間、目の前の憲法広場（ソカロ）に比べれば「広場」と呼ぶには忍びない私道ほどの空間を、マヌエル・ガミオ*広場と呼ぶ。つまり私たちはカテドラルと神殿の間に佇むとき、ほぼ自動的にマヌエル・ガミオのことを思い出すことになる。それが公共の場に人名を充てることの効果だ。そしてまた私たちが中央神殿を前にしてガミオを思い出すのは、ガミオこそがこの神殿に関して、実際の発掘以前の研究において最大の功績をあげた人物だからだ。二十世紀の初頭に見つかった遺物を基に、中央神殿がカテドラルの真下（それまではそう思われていた）ではなく、その横に存在することを突き止めたのが彼なのだ。つまりガミオは神殿が現実に見つかる数十年も前に、その位置を理論上で特定した人物だ。中央神殿を語るときにガミオは、マトス＝モクテスーマと並んで忘れてはならない名である。

マヌエル・ガミオはただ中央神殿のみならず、数々の遺跡発掘・修復作業に携わり、著作も数多くある、二十世紀メキシコ考古学を代表する人物だ。メキシコはメスティソ、すなわちヨーロッパ人とアメリカ先住民の混血の国だとするのが二十世紀初頭に広く流布することになる概念で、それは公式のイデオロギーと呼んでもいいほどに浸透した。それゆえ、アメリカ先住民の現在と過去を研究する文化人類学と考古学は「国学」と呼ばれるほどの地位を占めるにいたったのだが、その「国学」をリードして広く読まれたのがマヌエル・ガミオだったのだ。

ガミオの主著は『祖国を鍛造する』（一九一六、未邦訳）で、これは二十世紀のインディヘニスモを基礎としたナショナリズムの核となった著作と評価される。古典的名作だ。インディヘニスモとは、先住民（インディヘナ）の存在を捉え直し、その権利を称揚しようとする学芸・社会運動で、先住民人口の多い国々（ペルーやメキシコなど）でとりわけ二十世紀前半に隆盛をみた。メキシコ革命は、何らかのイデオロギー革命というよりは、大統領の三選禁止をめぐって勃発した地方有力者間の武力闘争（内戦）だった。地方を代表する有力者たちの掲げるスローガンのなかには農民の権利を訴えるものもあった（代表的なのがエミリアーノ・サパタの農業改革）。農民の大半は先住民だ。つまりメキシコ革命は、インディヘニスモ革命であったとも言えるかもしれない。そんなインディヘニスモの学問的発露における代表作が『祖国を鍛造する』である。ただし、ガミオは文化統合論者であり、「メスティソ文化」という公式のイデオロギーに先住民を馴染ませようとする論調は、過去の先住民を利用しているだけで、同時代の彼らの現実の生活には目を向けていないとの批判もある。過去を再構築する学問である考古学が「国学」に祭り上げられることの危険性が顕在化していると言っていいのかもしれない。

では、現実に中央神殿遺跡の発掘に携わり、現在の姿を現出させたマトス＝モクテスーマは、

＊マヌエル・ガミオ（一八八三―一九六〇）　二十世紀メキシコ考古学・人類学最大の功労者。『祖国を鍛造する』（一九一六）など。

これをめぐってどんな価値づけをし、どのようなヴィジョンを抱いているのだろうか？　彼の比較的最近の著作に『テノチティトランの生、受難、死』（二〇〇三、未邦訳）というのがある。「これから私たちは過去の声に耳を澄ませるという特権を享受することになる」としてここでマトス＝モクテスーマがやったことは、征服者エルナン・コルテスや従軍したベルナール・ディーアス・デル・カスティーリョの書き残したテノチティトランの描写、フランシスコ会士ベルナルディーノ・デ・サアグン*が採取した先住民たちの声、ディーアスとサアグンのいずれもが記した征服戦争の記録を、そのまま彼らの書物（クロニカと総称される）から抜粋し、それらを「生」「受難」「死」の三つのパートに分配して編集、掲載することだった。つまり過去の人々に語らせ、過去の記憶をよみがえらせたのだ。

過去をそのように複数の声に語らせ、複数の声を響かせることによって、中央神殿をめぐる集合的記憶を編んでみせるマトス＝モクテスーマは、これらの記憶、これらの声にひとつの方向性を与えるための序文を書いている。序文はアルフォンソ・レイェスを引用して締められている。「アルフォンソ・レイェスは『アナワクの眺め』で、この驚くべき大都市の風景と鼓動とを実にうまく謳ったものだ」「かつての、そして現在の言葉であるこれらに対する序文として、アルフォンソ翁が一九一五年に著したものに勝るものはない」というのだ。「アルフォンソ翁が一九一五年に著したもの」というのが前章でも引用した『アナワクの眺め（一五一九）』だ。

出版は一九一七年だが、原稿末尾の擱筆の日付は一九一五年になっている。それをもってマトス＝モクテスーマは「一九一五年に著した」としたのだろう。マトス＝モクテスーマが引用しているレイェスのテクストは、私たちが前章で見た箇所に続く段落だ。

貴族的な味気なさがなくもないあの風景の中では、目は分別を持っていても欺かれるので、心の目で線のひとつひとつを解読し、波打つ曲線のひとつひとつを撫でなければならない。あの光り輝く空気の下で、一帯を覆う涼しさと心地よさの中で、初めてその地に足を踏み入れた人々は、視野が広く、思慮深い精神の目を巡らせたのだ。鷲と蛇とが留まっているあのウチワサボテン——わたしたちの幸福な野原の縮図だ——にうっとりとしながらも、彼らは不吉な鳥の鳴き声で、敵意に満ちた湖の存在を知り、安息の地を約束されたように思ったのだ。少し経つと、あの水上家屋の向こうから、都市が姿を現すだろう。その都市に七つの洞窟——わたしたちの地に散らばった七つの大家族の揺り籠——から、神話の人物である騎士が、侵入してくるのだ。さらに先に進むと都市は帝国へと変わる。バ

＊ベルナルディーノ・デ・サアグン（一四九九—一五九〇）　スペインのフランシスコ会修道士。ヌエバ・エスパーニャ植民地で多くの学問的調査を行った。

ビロニアやエジプトにもたとえるべき巨大な文明があり、苦悩するモクテスマ*の不吉な日々まで、文明は疲弊しながらも続いていく。そのとき、脅威を与えるのにはまさにこれ以上はないという絶好の機に、雪を被った火山を越えて、コルテスの配下の者たち（「埃と汗、そして鉄」）が、響きと輝きのあの世界、山に囲まれた広大な円形の世界に、姿を現した。

彼らの足下には、蜃気楼のように美しい土地が広がっており、それがあたかも、ひとつの寺院から流れ出るかのように作られていた。その都市の放射状の道路が、ピラミッドの四方の隅へと延びていたのだ。

（『アナワクの眺め（一五一九）』一部表記を改めた）

前章で述べたように、レイェスはこれをヨーロッパで書いた。スペイン人に対してメキシコを説明するという体裁を採ったのだった。勤務していた在仏メキシコ大使館が第一次大戦の戦火を嫌って解体したため、職をなくしてスペインに渡ったレイェスは、哲学者ホセ・オルテガ・イ・ガセー**の主宰する雑誌に携わることによって糊口を凌ぐことになった。ただし、そこではひとりの書き手というよりは、図書館等での調べ物を請け負うなどの下働き的な位置づけであったらしい。レイェスは後に、堅実な文献学的手法によってスペイン文学史の確立に多大な功績を残した碩学ラモン・メネンデス＝ピダル***率いる歴史学研究所文献学部門に所属し、文献学研究、古典叢書編集の仕事に携わることになるのだが、そうした後のキャリアにとってみれば、オルテガの下での資料収集の下働きは格好の基礎訓練として役だったとも言えそうだ。もちろん、既に『美学の諸問題』（一九一三、未邦訳）という著書もあった作家レイェスは、そうした役割に満足することはせず、委託を受けて行った調査をただそれだけで終わらせるのでなく、自らの執筆にも利用して数多くの記事を書き、やがて書き手としても認められるようになっていく。

『アナワクの眺め』はそういう時期の作品である。下働きとして歴史的文献を渉猟して得た知識を自分自身の仕事に活かし、そこから歴史学や歴史記述にとどまらない、彼なりの結果を得た作品である。彼はこの作品の二年後には「古文書館のポエジー」という短文（未邦訳）を発表して、歴史的文書そのものと、それが被ることになる転変とに、学問に回収しつくすことの

＊モクテスマ二世（一四六六―一五二〇）　アステカの皇帝。コルテスに首都テノチティトランを明け渡した。

＊＊ホセ・オルテガ・イ・ガセー（一八八三―一九五五）　スペインの哲学者。『大衆の反逆』（一九三〇）などで同時代の知識人に多大な影響を及ぼした。

＊＊＊ラモン・メネンデス＝ビダル（一八六九―一九六八）　スペインの文献学者。

できない「ポエジー」の存在を嗅ぎ取っている。彼がメキシコの征服にまつわる文書から引き出そうとした結実も、ポエジーと呼ぶべき何かだったのだろう。『アナワクの眺め』は自身の言う「古文書館のポエジー」に形を与えた最大の成果なのだ。

レイェスがメネンデス＝ピダル率いる歴史学研究所で文献学者としての仕事に就いたことは、今紹介したばかりだが、実際のところ彼は、二十世紀スペインを代表するこの大文献学者の、厳密に科学的、歴史実証主義的な学問態度には、一種の不満を抱いていたらしい。そこにポエジーが介入することがなければ、学問は虚しいと考えていたようだ。そんなレイェスが求めて止まなかった「ポエジー」の発露なのだから、ほぼ同じ時期に発表されたものとはいえ、数々の考古学的発掘、つまり事実の実証的確認を前提としたガミオの態度などとは、レイェスの立場は大きく異なるに違いない。『アナワクの眺め』は、確かにコルテスらの征服期の文物からの引用と解釈によって成り立つ書ではあるけれども、そこには事実の羅列ではない何かがある。学術的散文詩とでも呼びたい文学作品に仕上がっている。ポエジーを形にしたものを人は詩と呼ぶのだ。プロローグで述べたように、アドルフォ・カスタニョンはこの作品を二十世紀メキシコ文学史上最も優れた散文詩と呼んでいる。

そもそも、引用第一文目から、「貴族的な味気なさがなくもないあの風景の中では、目は分別を持っていても欺かれるので、心の目で線のひとつひとつを解読し、波打つ曲線のひとつひとつを撫でなければならない」と書いている。事実と、それをつぶさに観察する態度とからは一線を画すことを宣言しているのだ。つまりレイェスは『アナワクの眺め』において、スペイン人征服者たちの見たままのメキシコの姿を再現しようとしているわけではない。彼らの目には見えなかったかもしれない何か、「心の目」に見えたかもしれない心象風景を描こうとしているのだ。

そんな心象風景であるはずの『アナワクの眺め』は、征服者たちの記録をそのまま提示するというマトス＝モクテスーマの態度とも相容れないものであろう。実証性の見地から見れば疑わしいことかもしれない。レイェスはそこにこそ価値を置いたのであり、そうして行った彼の記述が今、しかし、皮肉にも、マトス＝モクテスーマにはこれに「勝るものはない」ほど中央神殿およびその周辺の叙述として本当らしいと思われるという。発表から百年近くを経て、レイェスの想像力は考古学などの科学的知性を納得させたのだ。

私たちは中央神殿の本来の姿を知らない。カテドラル横にわずかに覗く遺跡からその在りし日の姿を想像するしかない。考古学はおそらく、その姿を可能な限り忠実に復元しようと努力する学問である。一度は埋められ潰された中央神殿を、往時の在り方そのままによみがえらせようという試みである。それは地下に埋められた先住民の嘆きに耳を傾け、その声に形を与える作業でもあるだろう。そうした努力も最終的にレイェスの想像力の助けを借りるのだとすれば、レイェスの想像力というのは先住民の嘆きの声になにがしかの形を与えるものなのだろう。つまり地下に埋められた先住民の嘆きの声とは、ポエジーの別名なのかもしれない。メキシコ市の政治の中心地は、かくして、ポエジーに覆われた空間になる。詩になるのだ。

Tlatelolco 3

トラテロルコ三文化広場

血塗られた広場

一九六八年が明けた月曜日、その日はごく平和な年の始まりと変わらないぐらい朝から穏やかだった。その年はうるう年にあたった。二月が一日多い年である。『ニューヨーク・タイムズ』の第一面には、こんな見出しがつけられた。「世界が争いの年に別れを告げ、街は雪模様へ」

——マーク・カーランスキー『1968』

❖三つの時代の層

ソカロの片隅に剥き出しになった中央神殿をして私たちは「時空の裂け目」と呼び、そこから「征服された者たちの叫び声」が漏れ出てくるのだと言った。しかし、そうした「時空の裂け目」がはっきりと見える広場はもうひとつある。そしてこちらの方が中央神殿よりも大きく、はっきりとした裂け目だ。トラテロルコ広場だ。

ソカロよりも三キロほど北に位置するこの場所にもかつて神殿が建っていた。スペイン人たちはこの先住民の神殿を取り壊して埋め、その上に自らの教会（サンティアーゴ教会）を建立した。そして現在では、先住民の神殿の遺跡と、これも今となっては遺跡のような佇まいをみせるサンティアーゴ教会とが層をなして存在し、さらにはその場所を取り囲むように、モダニズム様式の高層アパートや、かつて外務省のものであった高層ビルが建っている。つまり、先スペイン期と植民地期、そして近現代の三つの時代の建造物が層をなすさまが見て取れるのだ。この場所をして人はトラテロルコの三文化広場と呼んでいる。

▲トラテロルコ三文化広場（1991年撮影）

その三文化広場、サンティアーゴ教会の前には石碑が建っている。そこには前章にも名を挙げた作家で教育大臣だったホセ・バスコンセロスの以下の文章が刻まれている。

一五二一年八月十三日／クワウテモク*によって勇敢にも守られてきた／トラテロルコは、エルナン・コルテスの手に落ちた／それは勝利でもなければ、敗北でもなかった／メスティソ国民の痛ましい誕生だったのだ／それが今日のメキシコである

メキシコはメスティソの国だ、というのが誰も

*クワウテモク（一四九六―一五二五）アステカ最後の皇帝。コルテスに抗戦した英雄として讃えられている。

▲三文化広場サンティアーゴ教会脇の石碑（2016年2月撮影）

が口にする認識だ。それはおそらく国の公式見解と呼んでも差し支えないほどに広まったものだ。今では批判も数多くあるが、少なくとも長くそうした認識は共有されていた。その国民が、「痛ましい」しかたによるとはいえ、誕生したのがこの地であった。サンティアーゴ教会脇のプレートはそう告げている。

　思うにこの碑文は、文章というものが大抵はそうであるように、読む人によって異なる理解が成り立つだろう。三文化広場に建つ「誕生」のモニュメントというと、人によってはここにいささか融和的な響きを聞き取るかもしれない。ましてや「誕生」したのは、公式のイデオロギーに言う「メスティソ国民」だ。「痛ましい」出来事を伴ったとはいえ、現在のメキシコはこうして誕生したのだし、いずれにしろこれは記念すべきものではないか。そんな立場もあるだろう。何しろこの文章を書いたホセ・バスコンセロスは、赤色人種（アメリカ先住民）、黄色人種、白人、黒人が愛によって混血を続けたら、やがて宇宙的人種と呼ぶべき第五の人種が到来すると告げた『宇宙的人種』（一九二五）で知られた人物だ。人種の融合、メスティソ化がこの書のようなポジティヴな未来へのヴィジョンの下に捉えられるならば、なるほどその「誕生」は融和的に理解されるだろう。

しかし、「誕生」の融和的な響きにだまされてはいけない。問題は「痛ましい」という形容詞の方だ。コルテスが征服にやって来た当時のアステカ皇帝モクテスマはいわば無血開城、戦わずして降伏したのだが、その後を継いだ皇帝たちは抵抗し、結果としてメキシコの征服は武力衝突をもたらしている。最後にコルテス一行に抗戦した皇帝クワウテモクが拠点とした場所が、まさにこのトラテロルコだった。「クワウテモクによって勇敢にも守られてきた」とは、この抗戦のことを指す。「誕生」の語は凄惨な「殺人」や「征服」といった語を使用するのを回避するための迂言だ。サンティアーゴ教会と、その前で誇らしげにメキシコ国民の誕生を告げるプレートの下に、踏みつけにされた神殿遺跡を見るとき、プレートが言葉巧みに言いくるめようとした事実に気づかないではいられない。

✣血塗られた層1　征服

後にクワウテモクたちの血を噴き出させることになるスペイン人征服者たちは、まずこの神殿の周囲に広がる市場の壮観に魅了された。そして次に、ここで、この広場の大神殿で、アステカ人たちが人身御供の血を搾り取っていたのだとの主張を展開している。スペイン人征服者の認識の中では、トラテロルコの広場はかくして血の上に血が散布された、血塗られた場に転じたということだ。そしてその血まみれの神殿の上に、自らの守護聖人ヤコブを祀るサンティアーゴ教会を建てた（聖ヤコブすなわちサンティアーゴとは、戦争の守護聖人である。スペイン人たちはこの聖人の名を勝ち鬨に利用した）。メキシコの広場には先住民の叫びが、血の歴史が埋まっているのだ。『メキシコ征服記』を著したベルナール・ディーアス・デル・カスティーリョの証言にそのことを確認していこう。

メキシコ市（メシコ市）滞在四日が過ぎたところで、コルテス一行はタテルルコという地の大広場の見物に出かける。それが現在のトラテロルコだ。その広場の「大勢の群集で埋まり、実に多種多様な品物が並び、しかもすべてが整然と取り仕切られていた」市《いち》の様子を数ページにわたって活写するディーアスの筆致からは、スペイン人たちがトラテロルコの規模の大きさに本当に驚いていたことがうかがい知れる。彼らの見た「多種多様な品物」とは、「金銀宝石類」「鳥の羽や布地それから刺繍」「男女の奴隷」「さほど上等ではない衣服、木綿、捩った糸を使って造られた物」、カカオなどで、まとめるにトラテロルコ中央市場とは、「ヌエバ・エスパーニャ中の品物はなんでも揃って」いる場所だ。「我々の仲間の内には以前コンスタンティノープルやローマをはじめイタリアの各地など世界中のいろいろな町を見てきた者もいたが、その彼等が言うにはこれほど大きくて沢山の人間が溢れ、しかも整然と秩序が保たれている広場はほかに知らないとのことだった」というほどにスペイン人たちは、この市場に魅了されたようだ。

スペイン人たちのこれだけの驚嘆の的になった広場は、前章に挙げたディエゴ・リベラの壁画『メキシコの歴史』の一部にも描かれている。こうして画家の想像力を通して再現されると、トラテロルコの賑わいが実感できる。

しかし、広場の壮観に驚くベルナール・ディーアスも、近くにある大神殿に入ると、一転、そこを「呪わしい」(「あの呪わしい大神殿」)と表現するようになる。というのも、そこは生け贄の儀式の場だからだというのだ。

大神殿の一番上に登ってみると、そこは一寸した広さの平らな部分になっていて、生贄となる哀れな人間を載せる大きな石の台がいくつか置かれていた。それから大蛇やその他なんとも見た目に恐ろしい形をした大きな彫物があり、周りはこの日に殺された生贄の血の海だった。神殿の上にはさらに祠があって、その中に彼等の忌わしい偶像が祀られていた。

（『メキシコ征服記』）

アステカの民が人身御供の儀式を行っていたとは、よく言われることだ。そのことの真偽を疑う声もある。ここでは、ディーアスのこの記述（「この日に殺された生贄の血の海」など）が正しいかどうかの検討はしない。重要なのは、少なくともディーアスが、この場所をそうした凄惨な血の宗教儀礼の場所だと書き残したという事実だからだ。「呪わしい」などという形容詞はその判断からくるのだろう。こうした儀礼とその場所がおぞましいものならば、そこに飾られている偶像までもが「忌わしい」と価値づけられることになってしまう。偶像崇拝と偶像破壊。偶像をめぐる毀誉褒貶《きよほうへん》、暴力と愛着は、いつの時代にも宗教対立の軸として現れる要素だが、ディーアスのこの記述は、キリスト教徒（ヨーロッパ人）たちがその後行った破壊と殺戮の行動を考えると、それを正当化する言い訳のようにも思われる。スペイン人たちは、彼らに抵抗して戦ったクワウテモク殺戮の現場ともなるこの大神殿を取り壊すと、その上に自分たちの守護聖人聖ヤコブを讃えるサンティアーゴ教会を建設するのだ。大神殿の基礎に財宝や生け贄となった人々の死体が埋まっていると断言した後で、ディーアスは述べている。

このように言うと、大神殿が築かれたのは一〇〇〇年以上も昔のことなのに、その土台の中に金銀や美しいチャルチウイテの宝石、それに作物の種子などが投げ入れられ、その上に生贄となった人間の血が振り掛けられたなどと、どのようにして知り得たのかと尋ねる向きも熱心な読者の中にはおられるかも知れない。これに対する私の答えは次の通りである。あの要害堅固な都メシコ市が我々の手に落ち、土地の配分も一段落したところで、我々はすぐに大神殿の立っている場所に我等の守護者サンティアーゴ（聖ヤコブ）の教会を建てることを思い立った。神殿が占めていた土地の相当な部分が聖なる教会の敷地に決められていた。そこで土台をもっとしっかりとしたものにするためにこれを切り崩してみると、金銀・チャルチウイテ・真珠・小粒の真珠、その他さまざまな宝石が沢山見付かった。それからメシコ市に入植を決めたある一人の男も、自分の住居用として当たった同じ敷地内の別の一角で同じようなものを掘り当てた。陛下の役人達は発見されたものについても陛下の受取分に関する法律が適用されるとしてこれを件の男に要求したところ、ことは裁判に持ち込まれた。これがその後どうなったかは憶えていないが、メシコ市の要人や当時まだ生きていたグアテムース（クアウテモク）等の言うところによれば、神殿を築くに際してメシコ市の住民がこぞって宝石類やその他を土台の中に投げ入れたのは本当で、昔のことをいろいろと絵に画いた本の中にそのように記録されているということだった。

このようなわけで、見付かった品物は全部聖なるサンティアーゴ教会の建築費に当てられることになった。

（『メキシコ征服記』）

生け贄の血がその上から撒かれたのなら、「金銀」などは変質しなかったのだろうか？　千年以上地中にあったのなら、なかには腐食して価値のなくなった財宝があるのではないか？　そうしたいくつかの疑問が湧くが、それはともかく、人身御供によって守られた呪わしい財宝は、こうして聖なる教会に与することによって浄化されたとでも言いたげに、ベルナール・ディーアスはアステカの呪わしい血の歴史の上にスペイン人たちキリスト教徒の守護聖人の教会が建ったさまを報告している。ソカロのカテドラル同様、ここでも先住民のインフラストラクチュアが利用され、その上に、征服者のモニュメンタルな建物が築かれていることが確認されるというわけだ。ディーアスはこうした征服と破壊、再構築の行為にいたる征服者の心の動き、論理を展開している。

✣血塗られた層2　トラテロルコの虐殺

トラテロルコは武力衝突と凄惨な流血の現場となった場所だ。暴力の上に植民地の文化（キリスト教の教会）が築かれたことが可視化されている場所だ。そこを近代建築が取り囲む。これを三文化広場と呼ぶのだから、「文化」もまた抑えつけたその下部に暴力を宿しているものなのではないか。そんなことを言いたくなるのも、ここは、征服時のそれのみでなく、現代メキシコにあってはトラウマと呼びたくなるほどの心の傷となった凄惨な暴力事件の現場となった場所でもあるからだ。

一九六八年十月二日のことだ。その年の十月十二日には、メキシコ・オリンピックが開幕することになっていた。十月二日は、つまり、その十日前。直前だ。おりしも、学生運動とそれにシンパシーを寄せる労働者たちの運動が盛り上がりをみせていた。メキシコ国立自治大学（UNAM）と国立工科大学（ポリテクニコ）の学生の些細な喧嘩に始まるとされる学生運動が、キューバ革命やフランスの学生運動（いわゆる五月革命*）との繋がりを極度に警戒する政府によって弾圧され、とりわけ九月にはUNAM構内へ警察権力が侵入するという事件があった。これに抗議し、武装警官・機動隊の排除を求める声が高まっていたのだ。十月二日、学生と労働者たちはデモ行進後、トラテロルコ広場での集会を開催していた。政府はそこに軍隊を導入。

＊五月革命　一九六八年、パリ大学ナンテール校における学生運動をきっかけに始まった一連の運動とその弾圧を指す。これに連動するかのように世界中で起きた同様の現象を総称して「六八年」とも。

大虐殺に及んだ。二千人が逮捕され、イギリスの『ガーディアン』紙によると、三百二十五名が殺された。そしてこの十日後、オリンピックはつつがなく開催された。

この事件に抗議して、後のノーベル賞詩人オクタビオ・パス*が駐インド大使の職を辞したのは有名な話だ。エレナ・ポニアトウスカ**がこの事件を取材して書いた『トラテロルコの夜』は六八年をめぐる記念碑的なオーラル・ヒストリーで、今では邦訳もある。こうした日本でも知られている例だけではない。安藤哲行***がまとめて紹介しているところによれば、トラテロルコの虐殺について触れた評論には、ポニアトウスカの作品以外にも、パスの「追伸」（一九七〇）、カルロス・モンシバイスの『守るべき日々』（一九七二）などがある。小説では、ルイス・ゴンサレス・アルバ『日々と歳月』（一九七一）、ルイス・スポータ『広場』（一九七一）、レネ・アビレス＝ファビラ『官邸の深い孤独』（一九七一）、マリア・ルイサ・メンドーサ『彼と、わたしと、わたしたち三人』（一九七一）、フェルナンド・デル・パソ『メキシコのパリヌーロ』（一九七七）、ゴンサロ・マルトレ『透明のシンボル』（一九七八）、ホルヘ・アギラル・モーラ『きみと離れて死んだら』（一九七九）、アルトゥーロ・アスエラ『沈黙のデモ』（一九七九）などが直接・間接にトラテロルコ事件を扱い、言及しているとのこと。残念ながらパスの「追伸」（『孤独の迷宮』所収）以外は邦訳は存在しないものの、トラテロルコのデモ弾圧は、これだけ多くの文物が語らねばならないほどの大事件だったのだ。それを陰に陽に扱った映画も数多い。

安藤の紹介以後も、犯罪小説作家パコ・イグナシオ・タイボ二世の『68』(二〇〇六、ポニアトウスカによる序文つきの再版)や若手作家ホルヘ・ボルピの評論『想像力と権力』(一九九八)といったエッセイが上梓されている。カルロス・フエンテスも『68年』(二〇〇五)を書いている。ただし、いずれも邦訳はない。ロベルト・ボラーニョは『野生の探偵たち』において、トラテロルコ事件の遠因のひとつとなったUNAMキャンパス内への警官隊の突入に独りで抵抗したウルグアイ人女性のエピソードを含めているし、それをあらたに『護符』(一九九九、未邦訳)という中篇小説に展開してもいるが、これなども間接的にトラテロルコ事件に言及したものとみなすことができるかもしれない。

トラテロルコ事件は、先述のとおり、パリの五月革命との繋がりを極度に警戒する政府の態度がひとつの要因だった。五月革命は世界同時多発の学生運動・労働者運動の盛り上がりへと波及した。それらの多くは当局によって弾圧されたのではあるが、結局のところ世界的な価値

*オクタビオ・パス(一九一四―一九八) メキシコの詩人、評論家。外交官も務めた。ノーベル文学賞受賞。

**エレナ・ポニアトウスカ(一九三二―) フランス生まれのメキシコの作家。

***安藤哲行(一九四八―) 日本のラテンアメリカ文学研究者。摂南大学名誉教授。訳書にマヌエル・プイグ『天使の恥部』など。

観の変動をもたらしたとして、近年、盛んに回顧され、研究されている。マーク・カーランスキーなどはトラテロルコ事件をこの年の世界的な流れの中に位置づけている（『1968』）。オクタビオ・パスの論調も、五月革命や一九六八年という語こそ使っていないものの、その文脈でトラテロルコ事件を語っているように読み取れる。

パスは、『トラテロルコの夜』の英語版に寄せた序文で、トラテロルコの学生たちを評し、「ごく当初から学生たちは政治行動に特筆すべき才能を顕した」と積極的に評価している。「その運動に新しい息吹をもたらす方法として直接民主制というものをすぐさま発見した一方で、それを根本的源泉であるメキシコ国民全体との緊密な接触のもとに維持した」と。学生たちが「直接民主制」を見出して、それを維持したというこの分析は、ミシェル・ド・セルトー*がパリ五月革命を論じた文章を強く想起させる。つまりはパリとメキシコの六八年が通底する世界同時多発的な現象であったのだとの確信を裏づける。

セルトーの六八年論は、『パロールの奪取』というタイトルである。そこで彼は、六八年の学生たちの行動をこの名の下に解釈している。学生たちの行ったことはパロールの奪取であると。パロールの奪取には二つの側面がある。話す（言葉、つまりパロールを操ること）権利を自分のものにすること、という側面と、そこで話す話（パロール）の内容を自分のものにすること、という側面だ。かつて少数の権威ある者や代表者のものであった人前で話す権利を、六八年の学生たちは権威のない者、代表権を持たない者の手にも等しく委ねたのだという。その結果、彼らの話す内容は、権威ある者と同じ言葉を使い、それらの言葉をなぞっているように見えながら、意味内容の違うものになっていったというのも、「パロールの奪取」のもたらした重大な結果である。つまり、ジャック・デリダ**が脱構築と呼んだ論戦上の技法がここで生まれたのだと、セルトーは主張しているのだ。『トラテロルコの夜』へのパスの序文は、最後の点、すなわち奪取されたパロールの脱構築化の点には言及していないけれども、学生たちが「直接民主制」を見出したという分析は、セルトーの第一の意味での「パロールの奪取」と同種のものに思われる。

一方でパスは、しかし、学生リーダーたちの態度は政府の態度同様、首尾一貫しないものであるとも述べている。学生は自分たちの行動をパリ・コミューンやロシアの冬の宮殿占拠（ロシア革命を勝利に導いた出来事）に見立てたがっているけれども、現実には彼らの行動は、その一貫性の欠如にかけて、一六九二年の民衆反乱に似ている、というのがパスの主張だ。

＊ミシェル・ド・セルトー（一九二五―八六）　フランスの歴史家。『日常的実践のポイエティーク』（一九八〇）など。

＊＊ジャック・デリダ（一九三〇―二〇〇四）　アルジェリア生まれのフランスの哲学者。批評の分野に多大な影響を及ぼした。

一六九二年の反乱というのは、植民地クリオーリョ*文化の爛熟期にあった十七世紀末、トウモロコシ不足が引き金となって困窮した民衆が起こした一揆である。パスは説明する。

> 人びとは貯蔵庫を襲撃し、市の中心広場に押し寄せた。公文書を焼き払い、スペインの植民地権威の座そのものである副王宮に今にも火をつけようとした。暴動はトウモロコシ不足に対する抗議以上のものに発展し、破壊的な政治的含意を呈していた。〔植民地政府〕当局は、ひとたび最初の衝撃から立ち直ると、容赦なき弾圧の軍勢を放ち、十七世紀末のメキシコに暗い影を落とした。副王領の輝かしい夢は、突然の炎の地獄で幕を閉じた。めらめらと燃え上がる炎の中で、植民地社会はそのもう半分の、隠れた顔を見出した。先住民の、メスティソの顔、怒りに満ち、血しぶきの降りかかった顔。
>
> （「英語版『トラテロルコの夜』序文」）

「歴史家はほぼ誰しも、これら一六九二年の騒乱を百年後の独立戦争の前兆とみなす。しかしながら、メキシコ史の一章をなすようなこの重大事件の、最も際立つ特徴であると思われる、ある事柄に気づいた人間は果たしているのだろうか」と、この騒乱に関する一般的な歴史家たちの見方に異義を唱えるパスは、この反乱を「真に革命的な行動だったのではなく、本能的な爆発にすぎなかった。その拒絶の動きには何の主張も含まれてはいなかった」と一刀両断にしている。この無計画性、反乱のアド・ホックな性格こそが、一九六八年の学生たちの騒乱との類似点だというのが、オクタビオ・パスの分析である。

これとは対照的なのがカルロス・フエンテスだ。彼は「パリ、プラハ、メキシコ」と副題のついた『68年』の中で、メキシコの運動を副題に挙げた都市の動向と関連づけただけでなく、この世界同時多発性を一八一〇年（アメリカ大陸植民地諸地域の独立運動の盛り上がり）や一八四八年（ヨーロッパでの同時的革命）の説明のつかなさと同列に並べている。原因はいくらでも説明がつくだろうが、同時であることの説明がつかないのだと。

歴史的な大事件を前にすると、人は以前にあった類似の大事件を思い出さないではいられないようである。かくしてトラテロルコ事件に際して、パスは自国メキシコの一六九二年を思い出し、フエンテスは一八四八年のヨーロッパ革命を思い出した。一八四八年と言えば、この年に起こったパリの二月革命では、民衆が一七八九年の大革命を想起し、ルイ・ボナパルト（後のナポレオン三世）はナポレオンの再来として振る舞い、権力を掌握した。そのことを皮肉ってカール・マルクスは、この革命を分析した書『ルイ・ボナパルトのブリュメール一八日』をあ

＊クリオーリョ criollo「植民地生まれの（人）」を意味する形容詞、名詞。独立期までは主に白人が含意されていた。

の有名な書き出しで始めたのだった。「ヘーゲルはどこかで、すべての偉人な世界史的事実と世界史的人物はいわば二度現れる、と述べている。彼はこう付け加えるのを忘れた。一度は偉大な悲劇として、もう一度はみじめな笑劇として、と」。

オクタビオ・パスは、こうしたマルクスの思考モデルをなぞりながら、トラテロルコの学生たちを一六九二年の民衆になぞらえ、どちらも無秩序・無計画という意味で茶番劇を演じたと言っているようだ。一方でフエンテスは、世界史上の大規模同時多発、かつ世界史を変えた事象との類似に訴えて六八年の重要性を強調している。想起する参照項と、その評価内容において、二人の立場は対照的である。フエンテスの壮大さを前にすると、パスのこの辛辣さは、ずいぶんとメキシコ人たちに手厳しいものに思われる。事件に抗議して民衆の側に立ち、公職を辞した人物の面影はない。それどころか逆に、まるでそのことを悔いて、一転、民衆を非難しているかのように見える。

しかし、パスは同時に、一六九二年の植民地社会が「先住民の、メスティソの顔、怒りに満ち、血しぶきの降りかかった顔」を見出したともしている。この出来事は、無計画ではあっても、抑圧され地中に埋められた先住民の顔、混血の顔を露わにしたと言っているわけだ。

トラテロルコの神殿の土台には、アステカが滅ぼした他の先住民の血が塗り込められているとされた。そのアステカの民の血が、スペイン人たちによってそこに上塗りされた。そしてさらに、アステカの神殿遺跡がむき出しになり、多重な地層がでこぼこに露わになっているトラテロルコの三文化広場のこの地を、先住民やメスティィソや白人が入り交じっているだろう軍隊が、先住民やメスティィソや白人が入り交じっているだろう学生や労働者の血で塗った。パスの言明はそのことを想起させる。

✣石碑の層

「虐殺」の一語を避けた婉曲語法によって、「メスティィソ国民の痛ましい誕生」を謳った碑の建つこの広場で、「メスティィソ国民」の一方が他方を虐殺する凄惨な事件が起こった。これを経過して、現在、この広場にはもうひとつの石碑が建っている。遺跡とそこに塗り込められた血に層があるように、石碑も層を重ね、異なる相貌を表現しているというわけだ。新たに建ったその石碑には、ロサリオ・カステリャーノス（邦訳書での表記はカステジャノス）の「トラテロルコを心に刻んで」という詩が刻まれている。

暗闇は暴力を生み
武功を遂げるために
暴力は暗闇を求める

それ故、十月二日、彼らは夜になるのを待ったのだ
武器を握った手を誰にも見られないように
突然の閃光以外は

▲サンティアーゴ教会横のカステリャーノスの詩碑
（2016年2月撮影）

その一瞬の青白い光のなかにいるのは誰なのか
人殺しは誰なのか
今際のきわにいるのは、死んでいくのは、誰
逃げまどって靴を落としていくのは
地下牢に落ちるのは
病院で屍を腐らせるのは
驚きのあまり永遠に口がきけなくなってしまったのは
誰

どこの誰なのか　誰もいない　翌日には痕跡もない
翌朝、広場は掃き清められていた　新聞が
重要なニュースとして報道したのはなんと
天候だった
テレビもラジオも、映画館でも
番組の変更も、臨時ニュースもなく
祝宴では一分間の黙祷もなかった

▲ディエゴ・リベラの壁画『メキシコの歴史』部分（2016年2月撮影）

（宴は予定通り続けられたのだから）

もはや跡形もないものを探しても無駄だ
血痕、屍、すべては糞を貪り喰らう女神への
供物として捧げられたのだから

記録を詮索しても無駄というもの　何も記載されてはいないのだから

しかし、ほら、傷跡はここにある　それは私の記憶にどどまっているのだ
痛む　傷は本物なのだ　血は血で支払われるもの
だがそれを私の血だと言おうものなら、私は皆を裏切ることになる

私は憶えている、私たちは憶えている
名誉を汚されたこれほど大勢の人々の良心のうえに
憤怒の宣言書に、牢獄の開いた鉄格子に
仮面の裏に隠れた顔に

夜明けの曙光がさすように導くための、これが私たちのやり方
私は憶えている、憶えておこうではないか
正義が私たちのあいだに根づくまで

（「トラテロルコを心に刻んで」）

死体を隠す（軍用飛行機に積んで海に捨てた、と言われた）政府に抗して、自らの傷、かさぶた、自らの体に刻み込まれた印を記憶として提示し、それを「私は憶えている、私たちは憶えている」と全体の声へと変えていくカステリャーノスの手法は、国家と個人、個人と社会の関係を的確に捉えている。その「私」であり、「私たち」である皆が望む正義は、「憤怒の宣言書」（激怒したひとつのテクスト un texto iracundo）の上に築かれなければならないのだ。都市というテクストの上に。

Tepeyac
4
テペヤクのグアダルーペ聖母聖堂
傾くキリスト教文明

こうしてあなたはテペヤクの教会の上に落ち、大司教や副王、大勢のインディオを前にして、**グアダルーペの聖母の真の顕現**という、取り憑いて離れないテーマについて長ながと論じた……。それからモンテレイに帰った。

――レイナルド・アレナス『めくるめく世界』
（邦訳の表記を一部変更）

❖『メキシコ万歳』

ロシア（当時はソ連邦）の映画監督セルゲイ・エイゼンシュテイン*が、一九三〇年から三二年にかけてメキシコ各地にロケして撮影し、未完のまま断念した映画は、当時の助監督グレゴリー・アレクサンドロフによって再編集され、一九七九年『メキシコ万歳』として仕上げられ公開された。「仕上げられ」たといっても、この部分がなければこの映画は完成できないとエイゼンシュテイン自身が考えていた「ソルダデーラ」（従軍婦）のシークエンスはほとんど撮影されていない。公開された作品では、何枚かの静止画にかぶせて、アレクサンドロフがそのことを説明しているだけだ。加えて、当初トーキー映画として作るつもりだったこの作品には、アフレコで入れるはずだった台詞も入れられないままだった。つまり、それが未完の状態であることを告白しながら、未完なりに可能な編集を施しただけの仕上がりといった体のまま公開されたのではあった。それでも、三〇—三二年の撮影後、その断片がさまざまに参照され、研究され、二次活用さえされ、つまるところ、後のメキシコおよび世界の映画の展開に大きく影響を及ぼし、かつ映画におけるメキシコのイメージを規定することともなったエイゼンシュテインの映像が、一部の映画業界関係者のみではなく、より多くのシネフィルにとってもアクセス可能なものになったことには大きな意義があるだろう。そこにはエイゼンシュテインがリアルタイムで感じ取ったメキシコ革命とその後の時期の熱狂や、逆に革命には左右されない不変のメキシコおよびメキシコ人のあり方を見て取ることができる。自身も祖国の革命を生きたロシア人シネアストの目を通して見たメキシコ文化を見て取ることができる。

現在販売されているDVDの章分けで言うと第五章に相当するのは、「フィエスタ」という字幕で始まるシークエンスの一部だ。字幕の直後、どこかの教会前の広場に異教的な仮面をかぶった一団の人々が繰り出し、踊りを踊る情景がそこでは展開されている。ナレーションもあることだし、現存しているシナリオなどからもわかることだが、これはメキシコ市北部のテペヤクの丘と呼ばれる場所にある、グアダルーペの聖母の聖堂におけるこの聖母の祝日十二月十二日の祭り（シークエンスのタイトル「フィエスタ」とは「祭り」の意だ）の情景だ。キリスト教世界でも有数とされる一大巡礼地の、最大の祭りの模様なのだ。エイゼンシュテインはこの場面をメキシコ入国直後、真っ先に撮影した。

＊セルゲイ・エイゼンシュテイン（一八九八―一九四八）　ロシアの映画監督。『戦艦ポチョムキン』（一九二五）などで映画史に大きな足跡を残す。

▲グアダルーペの聖母聖堂前の広場（1991年撮影）

❖グアダルーペの聖母

グアダルーペの聖母の聖堂がキリスト教世界有数の巡礼地と呼ばれるのは、もちろん、そこに祀られたグアダルーペの聖母がきわめて人気のある崇拝の対象だからだ。そしてまたグアダルーペの聖母は、メキシコのナショナリズムを論じる際に頻繁に引き合いに出される重要な形象のひとつでもある。ナショナリズムのシンボルだ。一八一〇年に始まるスペインからの独立戦争時には、独立の闘士たちが聖母像の旗印を掲げて戦ったとされるし、百年後の一九一〇年に始まるメキシコ革命では、その代表的な武将エミリアーノ・サパタ*がメキシコ市に入城する際に同様の聖母像の旗を掲げて堂々の行進をした、その姿が写真に残ってもいる。こうした闘士たちの行動は、この聖母の持つ意味を正確に私たちに教えてくれる。グアダルーペの聖母はメキシコ国民の象徴なのだ。

コルテスによるメキシコ征服は一五二一年のことだったが、早くもその十年後にグアダルーペの聖母は姿を現した。一五三一年十二月九日、キリスト教に改宗してスペイン風の名前も得た先住民フアン・ディエゴがこの地を通りかかった際に、その姿を見たという。聖母は自分のための教会を建てるように司教に嘆願してほしいとフアンに伝えた。フアン・ディエゴは言われたとおり司教フアン・デ・スマラガに嘆願するのだけれども、司教は信じてくれなかった。その日の午後にもまた聖母の顕現を見たフアン・ディエゴは、再び司教のもとを訪れ、またしても拒絶される。信じる信じないの応酬がこうして続き、四日目には聖母は、傍らに咲いた季節外れのバラを証拠として持っていくようにと指示した。フアンが身にまとっていたマントにバラをくるんで運び、司教の前でそれを開いたところ、マントには鮮やかな聖母の姿が映っていた。さすがにこれで聖母の出現を信じたスマラガ司教は、テペヤクの丘に聖母を祀る教会を建て、このマントを奉納した。そしてこの奇跡の起こった四日目の顕現の日、すなわち十二月十二日をグアダルーペの聖母の日として祝うことにしたという。

＊エミリアーノ・サパタ（一八七九―一九一九）　メキシコ革命の代表的闘士のひとり。農民の権利を主張する無政府主義的思想は今も信奉者が多い。

▲聖堂横には聖母の顕現を象った寓意像がある（1991年撮影）

以上がグアダルーペの聖母崇拝の起源として語られている伝説だ。この伝説の真偽のほどはわからない。むしろ、だいぶ怪しいものには違いない。しかし、三日月に乗った、〈無原罪の御宿り〉のモチーフを強く想起させる聖母の姿が刻み込まれたファン・ディエゴのマントは今も聖堂に祀られているし、そこにはこの聖母像が科学的には説明のつかないしかたで描かれたものだとのまことしやかな説明がつけられてもいる（薄目を開けた聖母の瞳は、光を近づけると収縮するというのだ！）。四日目の決定的な顕現の日、十二月十二日には今でも毎年、祭りが執り行われている（一九三〇年の祭りはエイゼンシュテインがフィルムに収め、永遠のものにした）。伝説は後づけで作られたものだろうけれども、グアダルーペの聖母はメキシコのキリスト教会のカレンダーに重要な日を刻み続けているし、メキシコ人たちの信仰実践の体系内で大きな存在感を発揮しているのだ。

グアダルーペの聖母がこれだけの信者を獲得したのは、しかし、一朝一夕のことではない。ファン・ディエゴのマントに刻印された像を見てスマラガ司教がその言葉を信じたその日から、聖母はイコンと化したわけではない。最初はきわめて限られた地域で、テペヤクの丘周辺の人々の信仰——先住民の土着の大地母神トナンツィン（我らの母の意）への信仰と融合し、一種の混交宗教を形作りながら——を集めるだけのローカルなイコンだったに違いない。それが十七世紀前半には、湖上の都市メキシコを洪水から救う守護聖母として崇められ、テペヤクから市の中央部までの聖体行列が組まれるようになった。それから百年ばかり経ったころ、十八世紀には疫病の流行に対する不安から、グアダルーペの聖母を頼り、その御利益を受けたと感謝を捧げる風潮が広がり、聖母は市全体の全般的な守護聖母とも言える存在になった。

とはいえ、元来が正統カトリックの教義体系内に存在しない聖母だ。これを認め、信仰実践の中に取り入れたメキシコ・キリスト教会は、一種のアポリアを抱え込んだ格好となる。新世界に教義を布教するにあたってそもそもの始めから無理を重ね、難題を抱え込むことになった教会だった。グアダルーペの聖母はそういうメキシコ教会の独自性と矛盾のひとつと言えるだろう。この独自性と矛盾をアポリアと呼ぶのだ。

グアダルーペの聖母はメキシコ教会の抱えた他のアポリアと平行関係をなす。「メキシコ教会の抱えた他のアポリア」とは、使徒トマスがメキシコにやって来ていたという伝説、またはトマスと先住民の神ケツァルコアトルとが同一人物だとする説の問題だ。グアダルーペの聖母信仰やケツァルコアトルの教義・伝説は、メキシコ・キリスト教会の独自のものである。他の多数のキリスト教国のどこにも見られない教義だ。独自性はナショナリズムの核となる。グアダルーペの聖母とケツァルコアトルはこうしてメキシコ独自の国民の象徴となる。一方でそれは、ヴァチカンを、ローマ法王を中心とするカトリックの布置の中では、自らの存在を危うくさせるかもしれない（異端と断罪されかねない）危険な要素でもあるだろう。それが矛盾であり、それゆえにこれらの継承はアポリアなのだ。フランスの歴史学者ジャック・ラフェは、その名も『ケツァルコアトルとグアダルーペ』（一九七三、未邦訳）という書の中で、この二つの形象がアポリアでありながら、メキシコ・ナショナリズムの核ともなっていく過程を辿っている。

ちなみに付言しておくなら、ケツァルコアトルはメキシコ先住民の信仰体系において「羽の生えた蛇」として知られた神だ。そしてまた、アステカ以前の実在のトルテカ王国第二代の王の名でもある。九〇〇年ごろにクルワカン（現在のメキシコ市南東部）に定着してトルテカ王となったミシュコアトルの息子で、トゥーラ（メキシコ市の北六十五キロに築かれた都市）に遷都し繁栄を築いた人物だ。しかし、部下の反目に遭ってトゥーラを追われ、必ず戻ってくると言い残して東の海に消えたと言われている。

このケツァルコアトルの神話を利用してテノチティトランの無血開城を勝ちとったのがエルナン・コルテスだった。アステカの皇帝モクテスマは、見ず知らずの動物（馬）の背にまたがった白人たちを見てケツァルコアトルだと思い込み、約束どおり戻ってきたその神話の人物に兜を脱いだのだった。

✣「フィエスタ」

『メキシコ万歳』第五章「フィエスタ」のシークエンスをもう少し見てみよう。大きな仮面をつけて踊る群衆を捉えた映像に、ヴォイスオフのナレーションが入る。グアダルーペの聖母の祭は「スペインによる流血の侵略を追憶するためのもの」（日本語版字幕）とナレーターが説明するのだ。続いて、裸で座っている子供たちが何かに驚いて逃げるカットが挟まり、大群衆が列をなし、ちょうど蹲踞《そんきょ》するような格好で坂道を、そして階段を登って行く姿が映し出される。なかには数名、サボテンの木の幹を肩に担ぎ、両手をそれに縛りつけ、あたかも十字架を担ぐキリストのような格好で立って歩く者が混じっている。彼らはこの丘の上にあるパンテオンへと向かっていくようだ。ナレーションは、コルテスの征服以後、スペイン人たちが先住民の神殿であるピラミッドの上に自らの教会を建立したと伝えている。続いてキリストの磔刑になぞらえてサボテンを担いだ苦行者三人が、『メキシコ万歳』全篇を通じて印象的な三角形の構図を作って立つ姿を写した短いカットが挟まり、司教冠もきらびやかに正装した司教による野外ミサの様子に切り替わる。これがエイゼンシュテインがメキシコで最初に撮影した、記念すべき映像である。

映画『メキシコ万歳』をめぐる資料集に収められたシナリオには、それが出資者であるアプトン・シンクレア*とその妻に見せるためのダミーだからなのか、このナレーションは収められていない。が、同資料集所収の「メキシコとの出会い」という文章にはそれに近い内容の一節を見出すことができる。

> サボテンのまっすぐに伸びた茎をしばって十字架をつくり、それを自分たちの肩にひもでくくりつけ、数時間かけてピラミッドの頂上めざして這っていき、カトリックのマドンナ――グアダルーペの、ロス・レメディオスの、サンタ・マリアの、トナンツィントラのマドンナ――を、コルテスの時代から、それ以前の異教の女神や異神の偶像崇拝の地位を勝ちとったカトリックのマドンナをたたえる人たちの肉体に、いまも食いこんでいる鋭い刺。
> 狡猾な修道僧たちは、数世紀にわたって確立されてきた巡礼の経路を変えずに、アステカ、トルテカ、あるいはマヤ族たち古代の異教の神々が、いまは打倒されてしまっているが、

かつて鎮座していた場所——高台や砂漠、ピラミッド——に、彼らのために新しい彫像や寺院を建てたのだ。巡礼の人の波は、今日なお聖台の祭日の日々に数時間にわたって、膝の皮をすりむきながら、乾いた砂塵の上をぺこぺこしながら這っていき、（略）

（『メキシコ万歳！』）

エイゼンシュテインがグアダルーペの聖堂前広場に、あるいはより一般的に言って、メキシコのキリスト教会に見たものは、その下に征服された先住民たちのピラミッドが横たわるさまであり、今ではカトリックのものであるその教会に、昔ながらの神々への信仰と新しい神への信仰をまぜ合わせた混交的なしかたで、あたかもピラミッドをよじ登るようにして参っている人々の印象的な姿なのだろう。

私たちは前章と前々章において、メキシコ市に住む者がとる、地下からの語りかけに耳を澄ませる態度を指摘し、ソカロとトラテロルコの三文化広場という二つの広場に、地下がむき出しになり、征服された先住民たちの叫びが露呈するさまを見てきたのだった。一見したところグアダルーペ聖堂前には地下が露呈する亀裂などは存在しないのだが、エイゼンシュテインの

＊アプトン・シンクレア（一八七八—一九六八）アメリカ合衆国の作家。『ジャングル』（一九〇六）など。

透徹する眼差しは、地下に蠢く征服された民の苦悩のもがきを見て取ったようだ。

✣その百三十六年前

「フィエスタ」のシークエンスでは司教の説教の場面があった。世界有数の、少なくとも西半球最大の巡礼地である聖堂の最大の祭礼だ。その日のミサは特別なものだ。エイゼンシュテインがフィルムに収めるずっと前から、巡礼者たちは十二月十二日のミサを聞くために長い道のりを旅してやって来た。聖職者たちはこの日、この場所で説教壇に立てることを最大の誇りと感じていた。

　エイゼンシュテインが大規模なミサを目撃したその百三十六年前、一七九四年の十二月十二日のミサで説教をする役目に抜擢されたのは、若きドメニコ会士セルバンド・テレサ・デ・ミエル*だった。ホセ・イグナシオ・ボルンダ**の説に依拠した四つの仮説を含むセルバンド師の演説は原稿どおりに読まれたわけではないらしいが、原稿に残された仮説は、以下のようなものだった。

　グアダルーペの聖母の像はフアン・ディエゴの上っ張りに描かれたのではない、そうでなくてそれは、現世への使徒、聖トマスのケープだったのだ。これが第一の仮説。

今から千七百五十年前、グアダルーペの聖母の像は既に、このテナンユカ山地の平らな頂上の、既にキリスト教徒になっていたインディオたちの間では、よく知られ、崇拝されていた。この山地は聖トマスが作り上げ、そこに寺院を置いたのだ。第二の仮説。

（ミエル『全集』）

これに続いて、当初あまり大切にされなかったこの図像を使徒トマスが隠し、それをファン・ディエゴがスペインによる征服後に見つけ出したのだとする第三の仮説、したがって聖母像は一世紀に描かれたものだが、画法も保存状態も超自然的なものであるとする第四の仮説を展開するセルバンド師の説教は、ケツァルコアトルと使徒トマスを同一視するという点では目新しいものではなかったようなのだが、それでもスキャンダラスであったらしい。ジャック・ラフェによれば、聖母がファン・ディエゴの前に現れたとしなかった点においてスキャンダラスであったとのことだ。つまり、顕現という奇跡ゆえにメキシコの教会はグアダルーペ信仰を

＊セルバンド・テレサ・デ・ミエル（一七六五―一八二七）　メキシコの聖職者。ドメニコ会修道士。メキシコ独立後は上院議員も務めた。

＊＊ホセ・イグナシオ・ボルンダ（一七四〇―一八〇〇）　メキシコの聖職者。キリストの使徒トマスがメキシコに来ていたとするその説は独立支持者たちに影響を与えた。

許していたというのに、その根底を、セルバンド師が否定しているというわけだ。これによって彼は異端の嫌疑をかけられ、長い逃亡の旅に出る。

ヨーロッパでフンボルトやゲーテと交わり、シャトーブリアン『アタラ』のスペイン語への最初の翻訳者となり、一八一二年のカディス憲法発布時にはアメリカ植民地の代表の少なさに異議を唱え、アカデミアの表記法改正（第一章参照）後の一八二一年にはメキシコという表記にXの文字を残すべきだと強く主張し、メキシコ独立後は上院議員も務めたこの人物の生涯は波乱に富み、興味深い。これが小説家の想像力を刺激しないでいられるはずはない。事実、セルバンド師の生涯に魅せられ、小説に書いた作家がいた。キューバのレイナルド・アレナス*だ。彼の代表作『めくるめく世界』（一九六九）がそれだ。

今、小説のストーリー全体（ということは、セルバンド師の生涯）とその語り口の技法にまで細かく立ち入ることはしないが、せめて一七九四年十二月の問題の説教のシーンを見てみよう。

ようやく副王とそのお取り巻きは大祭壇の前に設けられた席に落ち着いた。そして説教が始まるのを今や遅しと待ちかまえた。だが、セルバンドは一向に現われる気配がなかった。樹の茂みを透かして容赦なく落ちてくる太陽の光線のせいで、高価な飾りろうそくが何本も溶けはじめていた。そうかと思うと日がかんかん照っているのに雨が落ちてきて、大司教の紫にきらめく僧衣を台無しにした。雨があがったところでセルバンド師（そろそろこう呼んでもいいだろう）は、会釈もせずに悠然と姿を現した。大司教はセルバンド師が燃えさかるほうきにまたがっているのを見て、危うく悲鳴をあげるところだった。しかしすぐに、これは自分に臆病風を吹かせるための悪魔の仕業にちがいない、と思いなおした……。セルバンド師がその乗り物（そういう目的で使っていたのだから乗り物と呼んでいいだろう）から降りると、大司教はこらえきれずに一声、悲鳴をあげた。鐘はようやく鳴りやんだ。クリオーリョたちの席のあたりから、ひそひそとささやき合う声が洩れはじめた。セルバンド師はざわついた場内を静めるために祭壇の裾板を激しく蹴ったが、その態度はじつに堂々としたものだった。多くの御婦人がその男らしい挙措に魅せられて失神した。「主よ」とセルバンド師は口を開いた。水を打ったような静けさのなかで説教が始まった。そのなかでは古代の神話と新しい伝説が熾烈な戦いを繰り広げた。結局は読まなかったが、あの訳の分からぬ雑多な古文書の類いもその話のなかで触れられた。そしてセルバンド師がグアダルーペの聖母の顕現についてスペイン人たちの唱える説に疑問を投げかけて、この顕現ははるか昔、つまり救世主が降臨なされた時代にさかのぼるものであり、したがっ

＊レイナルド・アレナス（一九四三―九〇）　キューバの作家。言論弾圧を受け、アメリカ合衆国に亡命。自伝『夜になるまえに』（一九九二）など。

て、スペイン人の到来以前にすでにキリスト教の地であったところに、彼らがとどまる大義名分はまったくない、と力強く主張したので、大司教は思わず指輪を呑みこんだ。インディオたちは感激しながら説教を聞き、クリオーリョたちは立ちあがって割れんばかりの拍手を送った。ガチュピン*や宮廷に仕える者たちだけがだんまりをきめこんで、椅子の座りごこちが良くないのか、厚ぼったい尻を絶えずもじもじさせている大司教の様子を上目づかいに窺った。修道士の説教の後半は、カトリックの典礼では耳慣れぬ奇妙な祈りで埋め尽くされていた。《聖蛇》が地上に下り、天は裂けて**奪回されし新しき図像のかずかず**を迎え入れた。やがて燦然たるきらめきは消えた。天気も徐々に回復してゆき、勝利を得た神々は無益の王国のとこしえの祭壇に戻って、それぞれの聖なる場所におさまった。霧が晴れてゆき、濡れそぼって困惑していた大司教も、やっと安堵の吐息をついた。セルバンド師はゆっくりと話を締めくくった。

（『めくるめく世界』　太字は邦訳原文。統一のため邦訳の表記を一部変更した）

ケツァルコアトル（《聖蛇》）を呼び出し、スペイン人到来以前からのキリスト教徒としてのメキシコ人の権利を説くセルバンド師とそれに対するさまざまな階級の反応は、このように活写されている。ガチュピンは「だんまりをきめこ」み大司教の様子を窺っている。クリオーリョは喜んで、今にも独立を叫びそうだ。インディオたちは自分たちの征服以前からの権利が認められたと「感激」している。もちろん、直接見てきたわけではないけれども、アレナスの小説家としての想像力、とりわけポストモダンの作家らしい漫画的な想像力（ほうきに乗ってやって来た、というのはもちろん、その一種だ）が一場の情景を実にわかりやすく伝えている。

エイゼンシュテインのフィルム内のミサの様子では、音声がないので、司教が何を語っているのか聞くことはできないけれども、広場で説教に耳を傾ける群衆はセルバンド師に耳を傾けたのと同様にクリオーリョやインディオたちだったはずだ。『メキシコ万歳』がその構図や編集で主張していることのひとつが、メキシコの過去と現在の通底性にあるのだとしたら、私たちがこのわずか数秒の広場でのミサのカットに、エイゼンシュテインによる撮影の百三十六年前になされた、セルバンド師の説教の場面を重ね合わせるのは正当な見方だろう。ただし、一九三〇年のこの日には、セルバンド師のような激烈にしてスキャンダラスな説教は行われていなかったのだろうとは思うけれども。

＊ガチュピン gachupín 新大陸に移住したスペイン人に対する蔑称。

✣その四十二年後

再びテペヤクの丘に戻るとしよう。エイゼンシュテインが聖母を祀る典礼の様子をフィルムに収めた翌年は、聖母顕現から四百年の記念に当たる年だった。この区切りを記念して、聖堂は拡張工事を行う。その拡張工事のみが悪かったわけではあるまいが、聖堂は、以後少しずつ傾斜していく。湖上の都市メキシコの宿命か、地盤が悪く、聖堂を支えきれなくなるのだ。二十世紀の半ばには、傾斜は誰の目にも明らかなものになった。

この傾いた聖堂を眺めた日本人がいた。鶴見俊輔*だ。「メキシコ・ノート」と副題のつけられた彼の著作は、その名も『グアダルーペの聖母』といい、聖母とその聖堂についての記述、考察が中心を占める形になっている。彼は一九七二年の十二月十一、十二日とテペヤクを訪れている。エイゼンシュテインの四十二年後のことだ。

鶴見が十二月十一日の夜に見た踊りの描写は、こうだ。

> 私が見たものの一つには、こどもが老人の大きな面をかぶって、老人となっておどっているのがあった。老人の顔だし、身ぶりも老人の身ぶりなのだが、面と衣装の内部には、こどもがいるわけだから、何となく、若やいでいて、陽気なかんじになり、老年時代がこのようであってほしいという若い世代からの希望をのべているように見える。

いずれも単純な踊りだが、熱気がこもっていて、踊り手には手をぬくところが見られない。夜もふけて来て、こどもには相当のつかれだろうと思うのだが、一年に一度、メキシコの隅々から出て来て、それぞれの民族を代表して踊りを神に奉納するのだから、この日にかぎって、スペインによる征服以前からつづいているメキシコの伝統がはっきり人びとの前によみがえるという重大な機会である。

（『グアダルーペの聖母』）

鶴見の観察・記述しているこの踊りは、「大きな面をかぶって」踊るものだというのだから、エイゼンシュテインがフィルムに収めたまさにあのシークエンス内で見られた踊りと同じものなのだろうと思われる。鶴見がこの場所を訪れたのも、この文章を執筆して出版したのも、『メキシコ万歳』が一般に公開される前のことだから、彼はこれを見ていないとみなしていいだろう。であれば、まったくの偶然から鶴見は、エイゼンシュテインが目を留めたのと同じ踊りに目を留め、記録に残しているのだ。

『メキシコ万歳』の映像においては、「キリスト教のために踊っているのか、古代の神のため

＊鶴見俊輔（一九二二―二〇一五）　日本の思想家。

に踊っているのか」とのナレーションがかぶせられるこの老人／こどもの仮面の踊りに、鶴見がそれこそ一種の仮面性を見出していることも興味深い。老人の仮面の向こうにこどもらしい若々しさが透けて見えるというのだ。装った表層に否応なしに表れる、いわば深層を鶴見は見取っているようだ。そうした滲出の現象は、広場の地面にぽっかりと開いた穴によって剥き出しになる地下を見てきた私たちの出発点にも繋がるだろう。そして何より引用後半部、キリスト教の祭礼だというのに、そこに「スペインによる征服以前からつづいているメキシコの伝統」が表出しているのを見て取る態度も、この踊りの仮面性を見取ったからこそのものだ。

　こうした視点を得た鶴見が、翌日、昼の陽の下に傾いた聖堂を見たとき、そこに地下からの復讐、地下に埋めたはずの先住民の文明の復活を見ないでいることは難しい。人混みをかき分けてやっとのことで聖堂に達した鶴見は、以下のように書いている。

> なぜ、四百年以上もの間、このキリスト教の寺院での《ママ》前で、キリスト教伝来前からの異教の儀式が魔術師の治療をふくめて、ここで完全に保存され、それを求めて来る人びとの前に公開されるのか。ヨーロッパによる征服後四百年の後にも、一年に一度ずつ、この近代都市でおおぴらになされる、征服以前の文化との連続性の確認。一夜二日にわたり力をふりしぼってくりひろげられる踊りは、キリスト教と別様の異教の世界を、教会堂の前にあ

▲傾いた旧聖堂（左）とまだ傾いていない新聖堂（右）をパンテオン付近の高みから望む（2018年撮影）

らわしている。昨夜は気づかなかったことだが、日の光の下にこの広場にたって、教会堂を見ると、この寺院はあきらかに、かしいでいる。左のほうの寺院は左に、右のほうの寺院は右に地面の中にめりこんでいて、ちぐはぐになっている。ヨーロッパからの征服者たちが、後代に残すものとしてたてた堅固なるべき大伽藍が、このように地中に沈みつつあり、その前で、かれらがすでに亡ぼしたと考えた異教徒たちが、昔のままの異教の踊りを、踊っている。

このようにして、世界的規模において、キリスト教文明はひびわれ、亡びてゆくのではないかと、ふとその時、思った。

（『グアダルーペの聖母』）

鶴見はこのように、キリスト教文明の没落と、それに滅ぼされたと思われた先住民文化の存続を想像している。いったんは滅ぼされた先住民たちの復讐のごときものを幻視している。その幻視を誘うのは、教会を傾かせる地盤だ。地面にぽっかりと穴が開いたとしたら、きっと聞こえてくるだろう語りかけを鶴見は、ここで、明記こそしていないものの、聞き取っているのである。大地母神トナンツィンと同一視され、地盤を緩くしているはずの水を鎮めるものとして信仰されたグアダルーペの聖母の寺院が、自らかしいでキリスト教会に異を唱えているというわけだ。

繰り返すが、私たちはメキシコ市内の広場のいくつかに開いた穴を見てきた。そこには征服された先住民たちのピラミッドが露呈しているのだった。この剥き出しになった地下世界をめぐっては人々が考察を重ね、征服以前、征服時、征服後のそれぞれに重大な事件を目撃してきたのだった。テペヤクの丘、グアダルーペの聖母聖堂前の広場も、地下に埋めた過去が剥き出しになっているわけではないものの、こうして過去を想起させる、あるいは過去の深層が現在の表層に滲出する契機を有しているのだった。

ちなみに付言しておくなら、鶴見俊輔がテペヤクの丘を訪問した少し後、さすがに傾いたままの聖堂の隣に新たな聖堂が建設された。円形のその建物は、今のところ、まだ傾いていない。

Merced, Tepito

5
メルセーから
テピートにかけて
愛すべき隣近所《ベシンダー》

わたしたちは互いに恩があるのだろうか？　互いの面倒を見るべきなのか？　それとも、誰もが自分のことだけを考えていればいいのだろうか？

——レベッカ・ソルニット『災害ユートピア』

✣水浸しの廊下

『野生の探偵たち』第一部のむせ返るような一節。

　でも僕は誰を愛しているのだろう？　昨日は夜通し雨だった。共同アパートの廊下はナイアガラの滝のようだった。数を数えながらセックスをした。ロサリオは素晴らしかったけれど、実験を成功させるため、彼女には黙っていることにした。彼女は十五回いった。最初のうちは、近所の人を起こさないよう、彼女の口をふさがなければならなかった。最後のほうは、彼女が心臓発作を起こさないか心配になった。ロサリオは僕の腕の中で失神したみたいになったり、悪霊に背骨を弄ばれているみたいにのけぞったりした。僕は三回いった。それから二人で廊下に出て階上から流れ落ちる雨で汗を流した。不思議だ。僕の汗は温かく、ロサリオの汗は冷たく爬虫類的で、甘酸っぱい味がする（僕の汗は明らかに塩辛い）。

語り手ファン・ガルシア＝マデーロ（「僕」）は、高級住宅地コンデサ（プロローグ参照）に住むマリア・フォントという女性に心惹かれつつも、酒場のウェイトレス、ロサリオとのセックスにおぼれ、彼女の住む部屋（「共同アパート」）に転がり込み、欲望のままに交わっている。ガルシア＝マデーロは十七歳。若者の性欲とはそうしたものだ。いったんはけ口を与えると歯止めがきかなくなる。生活を共にしようものなら、それこそ寝食も忘れてセックスづけとなる。そんな若い性欲のあり方がこの一場の湿気を作り出している。メキシコ市の夜は、いったいどれだけのこうした湿気に覆われることだろう。

欲望のままに交わるロサリオはよほどあえぎ声が大きいのか、「近所の人を起こさないよう」ガルシア＝マデーロが「口をふさがなければならな」くなる始末だ。口をふさがれると呼吸が苦しくなるのか、ロサリオは「失神したみたいにな」るし、しまいには「悪霊に背骨を弄ばれているみたいにのけぞったり」もする。背中をのけぞる姿勢と「悪霊」とが結びつくのは、この小説の時代設定が一九七五―六年となっているからだろう。つまりガルシア＝マデーロは、この姿勢に『エクソシスト』（一九七三）のリンダ・ブレアを重ねて見ているのかもしれない。若い二人の性交の激しさがうかがえる。

しかし、若い二人が激しくセックスを繰り返すことだけが、この場を「むせ返るような」ものと判断した理由ではない。この場の「湿気」は二人から立ちのぼる湯気によってのみ作り出されているわけではない。「夜通し雨」が降っていることもその雰囲気を作るのに貢献している。雨は「共同アパートの廊下」にも「ナイアガラの滝のよう」に降り込んでいる。ことが終わった二人が、「廊下に出て階上から流れ落ちる雨で汗を流」すことができるほどに、雨は降り注いでいるのだ。

メキシコ市には季節は二つしかない。雨季と乾季だ。四月・五月の温暖な時期が過ぎ、そろそろ夏を迎えるかと思われるころに、夏の代わりに雨季が訪れる。雨季になるとほぼ毎日、昼食時（午後二時ごろ）に驟雨に見舞われる。夕方になって晴れ上がるときもあれば、それからひと晩中降り続くこともある。その昔、運河だったのだろう、メキシコ市にはRío（川）という名の道路も多いのだが（たとえばミスコアック川といった名の道路）、水はけの悪いその道路が、本物の川のように水浸しになる。けだしメキシコ市の「夏」とは、水浸し、湿気が多く、雨が降り続く晩などは凝結熱吸収で底冷えすることもある季節なのだ。人によってはこの季節を「夏」と呼ぶのだが、「夏になった」と言いながら朝晩の防寒用に革のブルゾンなどを持ち歩くようになるのだから、なんだか微笑ましい。

ガルシア＝マデーロがロサリオとの愛欲の日々を貪っているのは十一月の末からのこと。日記形式になっているこの小説の先の引用箇所は、十二月四日の記録だ。そろそろ雨季は終わっていてもいい。季節の変わり目などはっきりしないのが常だから、あるいは、いつまでも終わりきれない雨季が、生命の最後の灯が盛んに燃えるように激しい雨を降らせ続けることもあるだろう。それにまた、雨季が終わったからといって雨が降らないわけではない。ガルシア＝マデーロの愛の巣は季節外れの雨に打たれているのかもしれない。いずれにしろ激しい雨がこの「共同アパート」を襲い、その廊下に侵入しているのだ。

廊下に侵入？

雨が激しいことはわかった。「ナイアガラの滝のよう」に激しいのだ。篠突く雨だ。しかし、それが廊下に降り込んでくるというのはどういうことだろう？　廊下に雨が降り込んでくるような造りをもった「共同アパート」とは、いったいどういうものなのだろう？　そしてまたこの雨で「汗を流」す二人にはシャワーもないのだろうか？

ここで言う「共同アパート」は vecindad の訳だ。ベシンダー。「隣近所」という程度の意味だろうか。「隣の、同じ町の住民の」を意味する形容詞 vecino / vecina の名詞形だ。とりわけ十九世紀末から二十世紀初頭の工業化と都市化の時代、メキシコ市中心部の隣、当時としては郊外だったあたりに林立し、今も残る労働者階級のための集合住宅である。廊下もしくは中庭を共有し、場合によってはバス、トイレなども共用の小さな住居の集まった平屋建てかせいぜい二階建ての建物だ。

❖メルセーの市場

ロサリオのアパート（ベシンダー）はメルセー・バルブエナという地区にあることになっている。中心街からこの地区までと等距離の一帯には、大小のベシンダーが軒を連ねる。このあたりはいわば貧民街なのだ。そしてここがほぼ百年前のメキシコ市の外縁だ。その一帯を歩いてみよう。

メルセー・バルブエナから歩いて少し北に行けば、地下鉄のメルセー駅にぶつかる。メルセー地区だ。ここは市場が有名だ。フランスの作家、外交官のポール・モラン*が一九二七年にメキシコを訪れた際、頼って行った同じく作家兼外交官のヘナロ・エストラーダ**が最初に彼を連れて行った場所がこの市場だった。「生けるメキシコ」と呼んだこの場所についてモランは「こんな小さなスペースに一地方のありとあらゆる物がこれだけ集められた場所は見たことがない」と感嘆している。まるでトラテロルコの市場に驚いたベルナール・ディーアスの言葉（第三章参照）を繰り返しているみたいだ。

＊ポール・モラン（一八八八―一九七六）　フランスの作家、外交官。『黒い魔術』（一九二八）など。

＊＊ヘナロ・エストラーダ（一八八七―一九三七）　メキシコの作家、外交官。『メキシコ抒情詩』（一九一九）など。

▶とある近代化された小さなベシンダー。地下鉄メルセー駅界隈（2016年2月撮影）

地下鉄の駅を出るとテントの売店が何層にも重なっていて市場までの道を阻んでいる。私が初めてこの市場に行った一九九一年ころには、テントはまだ数列だけで、余裕をもって並んでいたけれども、売店（電池のような小物から電化製品のパーツ、工具・金物類、果ては女性ものの下着まで）は年々増殖を続けていたようで、今ではすっかり迷路が出来上がっている。ひとつひとつの通路も人ひとり通るのがやっとだ。市場に行くのもひと苦労だ。

市場に行くといっても、一介の旅行者にすぎない私は果物や肉、海産物などを大量に必要としているわけではない。観光客や独り身の下宿生活者にとっての市場とは、その敷地内にある狭い区画の飲食店へ新鮮な食材を使った安い食事を楽しみに行くための場所だ。九一年の留学時、中心街付近に用があるときには、ここまで足を伸ばして一ドルばかりで食べられる安くて美味しい定食《コミーダ・コリーダ》を食べに行ったものだ。

定食よりも安くつくのがタコスで、市場内に限らず街角の屋台のタコスはどこでも五個で半ドルばかりが相場だった。直径十センチほどの小さなトルティーヤに山盛りに具を載せ、赤や緑のサルサつまりソースと、薬味にタマネギとコリアンダーをまぶし、ライムを搾って食べる。トルティーヤは小さいとはいえ二枚重ねなので、山盛りの具を分配すれば、五個セットが実質的に十個として食べられた。若い私でも腹はいっぱいになった。

タコスの具の定番は、スワデーロにチョリーソ、アル・パストールといったところだろうか。

牛肉を焼き、オレンジかライムの搾り汁で煮詰めたスワデーロも、チョリソー〔ママ〕の表記で日本に定着してしまったそれとはまったく異なりミンチにされた肉の歯触りを多分に残す腸詰めチョリーソ（ロンガニーサとも言う）も、ベニノキやグワヒーヨというトウガラシ、パイナップル・ジュースなどで作った漬け汁に漬けた豚肉をケバブ屋の店頭にあるようなロースターでじっくり焼いたアル・パストールも、どうしたわけか、あまり東京のメキシコ料理店では出されることはない。後に私は、とりわけタコス・アル・パストールを懐かしみ、メキシコに行くたびに真っ先にこれを食べることになる。

話をメルセーの市場に戻そう。ここに食事に行くことを覚えたのは、あるきっかけがあってのことだ。ちょっとした逸話だ。

メキシコと日本との協定に基づいて毎年数十人派遣される奨学生のひとりとして留学した私は、まず五週間を国内第二の都市グワダラハラで過ごし、その後、メヒコに移った。グワダラハラ大学の外国人向けスペイン語学校を一クール受講し、それからメキシコ国立自治大学（UNAM）文献学研究所文学研究センターの研究員となった。この所属先の変更の手続きのためにひと晩長距離バスに乗って首都にやって来たときのことだ。

泊まったホテルがソナ・ロサと呼ばれる地区にあった。「ピンクの地帯」という程度の意味だが、色街ではなく、むしろ飲食店や商店が遊歩道沿いに軒を連ねる落ち着いた繁華街で、現在では韓国人街の趣もある。そんなソナ・ロサにあるホテルの目の前には、市内を南北に貫く大通りインスルヘンテス通りのトラフィック・サークル（環状交差点）があった。このサークルの内側は地下鉄インスルヘンテス駅前のロータリーになっている。私はそこのコンクリート・ブロックをベンチ代わりにして座ってひと息ついていたのだった。

「暑いですね」

日本語で話しかけられた。同年代くらいの大柄な男だった。スペイン語でしゃべっているとそんなことはないのだが、日本語だと昔ながらの人見知りの自分に戻ってしまう。私はしどろもどろに返事をした。極度に孤独を好む性格もあるが、面倒だという思いも少しはあったのかもしれない。留学中の若い学生が何よりも嫌うのは、立場の違う同国人につきまとわれることだ。これを機に行動をともにしようなどと提案されては困ると思ったかもしれない。通訳などまっぴらだ。

「こんなところで何してるんですか、柳原さん？」

唐突に名前を呼ばれ、私はサングラスを外して男の顔を見た。彼もサングラスを外した。

「……です。みどりの弟です」

みどりというのは中学の同級生だった。そのとき中学を卒業して既に十年ばかりの月日が流れてはいたけれども、そんなに簡単に同級生の顔と名を忘れさせる年月ではない。みどりのこと、その弟のことは瞬時に思い出した。私は街に出ると知り合いに出会う頻度が人より高いのではないかと日ごろ思っているのだが、まさかメキシコまで来てこんな偶然の出会いを経験するとは！　少し愉快になった。

ちょうど昼食時だったので、いいところがある、地下鉄で数駅のところだから、と言って彼が連れて行ってくれたのが、メルセーの市場だったのだ。世界の果てのような小さな島の中学を出てから、今ではもう無限と思えるほどに膨張したこのメキシコ市のかつての外縁部で昼食をともにするまでの人生（それはまだ「人生」と呼ぶにはあまりにもささやかな経験の積み重ねだったけれども）を互いに語り合いながら、私たちはスープまたはサラダとメイン・ディッシュ、デザートからなる定食を楽しんだ。

その中学の後輩は、要するに、大学卒業後、世界を放浪して回っている最中にメキシコ女性と恋に落ち、しばらくここに住みつくことにしたのだという。「この近くにその女と住んでいる」とも言っていた。当時は「この近く」がどんなところなのかわからなかったけれども、今から思うに彼は、ガルシア＝マデーロとロサリオのように近所のベシンダーの狭い一室で愛し合っていたのかもしれない。メキシコ市の夜を恋人たちの体液による湿気で覆うのに貢献していたのかもしれない……。

しばらくしてメキシコ市に引っ越した私は、二度ほどその後輩に電話をかけてみた。二度とも留守だった。私も自らの勉強に忙しい身だったので、彼とはそれっきりになった。代わりに、メルセーの市場に何度か足を運んだ。

あれからさらに二十数年。この章の第一稿を書き終えたころ、フェイスブック上で彼からの友だち申請がきた。

✣ベシンダーの本場テピート

メルセーからもう少し北に移動してみよう。やがてテピートと呼ばれる地区に到達するだろう。ここの地下鉄駅界隈もまたメルセーに負けず劣らず、いや、あるいはそれ以上に、テントの売店に行く手を阻まれる街区だ。そして、ここにも名物の市場がある。だが、何よりも、ベシンダーの街並みと言ったときにメルセーやメルセー・バルブエナ以上に想起されるのがこのテピートの街区だ。ここはベシンダーの代名詞と言ってもいい。

『野生の探偵たち』ではテピートのことにも触れられている。ボラーニョのこの小説の第二部が、若い詩人アルトゥーロ・ベラーノとウリセス・リマの足跡を辿る不可視の探偵による関係者へのインタヴューの形式になっていることは第二章に述べたとおりだ。その第二部のインタヴューのひとりがこんな発言をしている。

〈プリアポスの店〉はテピートにある。ということはつまり、戦争地帯にあると言っているようなものだ、あるいは敵の前線に、または鉄のカーテンの向こう側にある。

（『野生の探偵たち』）

この科白を発しているのはアルベルト・モーレという人物で、これは、ある日の晩、彼が「イカレた」姉のフリアらとともにひとつのディスコからもうひとつのディスコ（〈プリアポスの店〉）へとハシゴしたことについての証言だ。姉のフリアは「イカレ」てはいるが医学生で、彼女やその友人たちを乗せた車はアルベルトの父親のものだ。夜な夜なディスコに繰り出すような素行はともかくとして、つまりアルベルトはきちんとした教育を受け、親が自家用車を所有するような、比較的恵まれた家庭に育った人物だ。そんな人物からしてみれば、テピートという地名は「戦争地帯」と同義であるということらしい。それだけ治安の悪いところとの印象を抱いているのだ。

実際、テピート界隈は馴染みのない者たちから見れば治安のよくない危険地帯だ。メキシコ市の五つの貧困家庭を取材、記述して都市人類学を切り開いたオスカー・ルイス*の古典的名作

*オスカー・ルイス（一九一四―七〇）　アメリカ合衆国の文化人類学者。

『貧困の文化』（一九五九）に取りあげられたゴメス一家は、テピートのベシンダーに住んでいる。このベシンダー界隈は長い間「暗黒街として知られていた。今でも夜更けにここを歩くのは、危険だと思われている」とルイスは述べている。

ルイスの記述するゴメス一家の住むベシンダー、カサ・グランデにしばし目を留めてみよう。それは「ここだけで一つのブロックになっている」大きなベシンダーだそうだ。

南北は高いコンクリート塀で仕切られ、東側と西側には、通りに面して商店が並んでいる。カサ・グランデは、こうして、外部とは別個な一つの小世界を形づくっている。ここの食料品店、クリーニング屋、ガラス屋、建具屋、美容院などの商店が、テピート地区の市場や公衆浴場とともに、カサ・グランデの住人たちの毎日の需要を満たしている。そのため、主に農村出身者であった場合は、カサ・グランデ近辺から離れることはめったになく、メキシコ市内であっても、ここ以外のことはほとんど知らない。

（『貧困の文化』）

「ここ以外のことをほとんど知らな」くても生活が成り立つほどの機能があると聞けば、大きな団地のようなものが想像されるかもしれない。しかし、中に立ち入ってみると、ひとつひとつの居住空間は粗末なようだ。

このベシンダー内に、コンクリートで舗装された約五メートル幅の長い中庭《パティオ》が四本延びている。長方形のコンクリートの建物と建物の間が中庭になっている。建物は全部で一五七の一間だけの住居に区分されている。赤く塗られた木製のドアが約四メートル間隔に規則正しく並び、中庭に向かって開く。日中は、ドアのそばに粗末なハシゴがたてかけてある。

（『貧困の文化』）

「一間だけの住居」「約四メートル間隔」に並ぶドアといった記述がだいたいの居住空間の広さを想像させる。ルイスが取材したゴメス一家は五人家族だが、横幅四メートルの一間ではいかにもつましい暮らしにならざるを得ないことは充分にわかる。

ルイス・ブニュエル*の一九五〇年の映画『忘れられた人々』の主人公たちが住むのも、同様の住居だ。中心人物のひとり、ペドロ（アルフォンソ・メヒーア）の家は広くない一間に三つのベ

*ルイス・ブニュエル（一九〇〇―八三）　スペイン生まれの映画監督。一九四六年からメキシコに暮らした。

ッドが並び、わずかに小さなテーブルがあるだけ、裏に小さな台所があるといった造りだ。そこに母一人子五人の家族で住んでいた。水は共同の水汲み場から汲んでくるのだろう。ペドロは甕から洗面器に注いだ水で顔を洗っているし、母親のマルタ（エステラ・インダ）は同じく洗面器の水で体を拭いている。メキシコ市であること以上に場所は特定されていないし、この家屋はセットではあるのだが、屋外でのロケは今のトラテロルコ三文化広場（第三章参照）近辺が主というから、このベシンダーはテピートが想定されていたとしてもおかしくない。三文化広場の前を走るレフォルマ遊歩道を越えれば、テピートはすぐ目の前だからだ。実際にテピートが想定されているかどうかは別として、ブニュエルの映画に描かれているのはひとつの典型的なベシンダーの住居に違いない。マルタ役のエステラ・インダはブニュエルに、五キロ太ること、家に洗濯人がいるのなら彼女にそのやり方を教わることを命じられ、子供が五人いてベシンダーに住む女を演じてもらうことになると伝えられたという。

スペインに生まれ、デビュー作『アンダルシアの犬』と晩年の数作をフランス、またはフランスとスペインの合作で撮ったブニュエルはスペインの、場合によってはフランスの、いずれにしてもヨーロッパのシネアストとの印象を多く与えるようだが、彼は一九四六年からメキシコに住んだのであり（四九年には市民権も得た）、最期を迎えたのもメキシコ市の自宅だった。ここで何十本ものメキシコ映画を撮ったのだ。当人は最後までラテンアメリカには馴染めなかったと吐露しているし、メキシコ映画界と彼の関係を考えると、メキシコを積極的に捉えていたわけではないだろうが、それでも結果としてメキシコの都市と都市化の諸相を実にうまく映像化した作家でもあったことは記憶に値する。

✣国辱か誇りか?

メキシコでは、それこそテピートのベシンダーに住む人々を描いたイスマエル・ロドリゲス監督『俺たち貧乏人』(一九四八、日本未公開)などとよく比較されるブニュエルの『忘れられた人々』は、しかし、登場人物による歌のシーンをふんだんに含む伝統的なエンターテインメント映画(ランチェーロと呼ばれるもの)の要素を取り込みつつも都市メロドラマに仕上がっている前者とは、好対照をなしている。ブニュエル作品の登場人物たちは盗み、弱者を虐げ、暴力をふるって殺人にまでいたる。ヒーローではなく社会問題としての貧困層が扱われているのだ。映画は、時おりブニュエルらしいイメージの氾濫を見せはするものの、基本的にはリアリズムの枠内で撮られたものだ。

社会問題としての貧困層を取り上げたものなだけに、当初、『忘れられた人々』は不評だった。公開後わずか四日で上映が打ち切られたというし、そもそも撮影中にも辞めたりクレジットに自分の名を出すなと言い出したりしたスタッフがいたようだ。しかし、この映画はカンヌ国際映画祭で最優秀監督賞を受賞し、フランスやソ連で好評を博し、かくしてメキシコに逆輸入された。今ではユネスコの世界記憶遺産に登録されている。

貧困を問題とするのは、どうやらメキシコ人にとってはスキャンダルの種になるようだ。オスカー・ルイス『貧困の文化』の問題に戻るならば、この書の続篇『サンチェスの子供たち』もまた、一種の不興を被った。一九六一年に発行されたこの本のスペイン語訳を、一九六五年、出版社フォンド・デ・クルトゥーラ・エコノミカ（プロローグ参照）から出版しようとした社主アルナルド・オルフィラ＝レイナルは、当時の大統領グスタボ・ディアス＝オルダス*から強い圧力を受けることになった。こうしたメキシコの貧困の実態を知らしめるのは都合が悪い、との判断だ。メキシコはこの三年後にオリンピックを開き、世界にその素晴らしい発展の様子を知らしめることになっていた。そんな時期に、仮にも半官半民、国が支援している出版社のフォンドから、メキシコの恥を晒すような本を出してもらっては困るというのだ。これに反発したオルフィラ＝レイナルは独立、シグロ・ベインティウノ（二十一世紀の意味）を立ち上げた。シグロ・ベインティウノは今ではフォンドに比肩するメキシコの代表的な出版社のひとつだ。ちなみに、貧困問題という恥辱に目をつむろうとしたディアス＝オルダスが、やはり体裁を取り繕うために学生運動・労働運動を弾圧したのが、トラテロルコの虐殺（第三章参照）だったことをあらためて想起しておきたい。

ブニュエルにしてもルイスにしても、ベシンダーに暮らすような貧困層を取り上げて国民や為政者の反感を買ったわけだが、ベシンダーの暮らしは恥ずべきものだろうか？　ブニュエル作品内のベシンダーの住人たちは、なるほど、問題含みではあるのだが、犬の芸を見せる芸人がやって来たと言っては子供たちは中庭に出てそれに楽しそうに見入るし、女たちはひとつの場所に集まってみんなでトルティーヤを作っている。家畜小屋でも共同で作業し、それなりに逞しく、時には楽しそうに生活しているようでもある。オスカー・ルイスの概観するベシンダーの日常も、何やら長屋の生活のような印象を与える。長屋というのは言うまでもなく江戸の町人たちの共同体で、多分にフィクションによって理想化されたものではあるだろうけれども。

日中、中庭は住人や犬、七面鳥、鶏、時には豚などの動物で賑わう。通りよりも安全なので、子供たちはここで遊ぶ。女たちは、水汲みに列を作って並び、洗濯物を干しながら互いに大声で話し合う。物売りが商品を売りに出入りする。毎朝、ごみ屋が一軒一軒のごみ箱からごみを集めに中庭を廻る。午後になると、年長の少年たちのグループが荒々しく

＊グスタボ・ディアス＝オルダス（一九一一―七九）　メキシコの政治家。一九六四―七〇年、大統領。

サッカーをやり、中庭をひとり占めにしてしまう。通常、土曜の晩には、ここで戸外ダンスが催される。

(『貧困の文化』)

こうして隣近所のつき合いがあるので、「共同体意識は殊に若者たちの間で強力である。彼らは遊び仲間どうしであり、生涯友達としてつき合う。同じ学校に通い、中庭で催されるフィエスタで顔を合わせ、この範囲内で結婚相手を見つけることもしばしばある」というのがルイスの見たカサ・グランデの概要だ。見知らぬ他人が目も合わせず、声も掛け合わずただ行き交うだけの大都会の中に出現した小さな村落共同体そのものだ。近代的な高層アパートでは、住民同士のこうした関係はなかなか生まれまい。隣人《ベシンダー》らしさの名称は伊達ではないのだ。

✣隣近所のユートピア

ベシンダーの、とりわけテピートのベシンダーの隣人《ベシンダー》らしさが発揮される出来事があった。一九八五年九月十九日の大地震だ。八十万人が一時的に住む場所を奪われ、当初、一万ないし二万人の死者が出たとされた大災害だ。

この大地震の被害はソカロ周辺の貧しい地区に集中し、とりわけトラテロルコ広場を取り囲む団地のヌエボ・レオン棟が全壊、文字どおりにひしゃげてしまった。この災害では政府や官僚、警察といった国家機構の無能が浮き彫りになり、不正が露呈し、対照的に市民たちの無政府主義的団結が目立った。レベッカ・ソルニット*の「災害ユートピア」というやつだ。こうした災害や政変には市民による商店の略奪などがついてまわるものだが、それを阻止するために派遣された警官たちは、自らが略奪する側にまわった。検事総長室の地下からは拷問によって死んだ元被告たちの遺体が出現した（やはり地下には何かがあるものだ）。そんな国家の体たらくを見かねた市民たちが助け合い、自らを組織し、行動を起こし、政府に働きかけ、震災後の復興に主体的にかかわったのだ。

メキシコの大地震以後、いくつかの大地震を経験した私たちは、災害の際に人々が助け合う事実を知っている。ヴォランティアが組織され、人々が復興に心血を注ぐことを知っている。災害を契機にできるこうした市民の団結の場が「災害ユートピア」であり、ソルニットの原書のタイトルに即せば「地獄に建設される楽園」だ。こうして団結した市民が動揺した国家に揺さぶりをかけるならば、ソルニットの言うように「災害は革命によく似ている」かもしれない。一方でこうした災害を契機に体制がある方向に大きく舵を切る場合もある。ナオミ・クライ

＊レベッカ・ソルニット（一九六一—）　アメリカ合衆国の作家。『ウォークス——歩くことの精神史』（二〇〇〇）など。

ン*の「ショック・ドクトリン」（惨事便乗型資本主義）だ。私たちは東日本大震災によってまさにこの「ショック・ドクトリン」に煽られ、右往左往した当時の政権与党を打倒し、代わりに屈辱的な独裁政権を成立させてしまった。そのことは痛恨のきわみと言うほかはない。市民は団結し復興を目指しただろうが、惨事に便乗して巨大寡占企業の利権団体にすぎない政党が暴走するのを食い止めることまではできなかったようだ。

私たちの置かれた憂慮すべき状況はともかくとして、一九八五年のメキシコに戻ろう。「災害ユートピア」と呼ぶべき現象を作り出して見せたメキシコ市民のなかでも抜きんでていたテピートの住民を、ソルニットはこうまとめている。

テピート地区の人々は地震後の一週間に他の一五〇のコミュニティや組織の人々と会い、災害を乗り切るために、情報、協力、サービスの密度高いネットワークを形成した。一九〇六年のサンフランシスコでは、個々人の中に、コミュニティ感覚がもたらす意識的な喜びと愛が湧き上がった。一九八五年のメキシコ市では、そのような個人の愛はコミュニティに融合し、長く続いた。（略）市民の意志は固く、この災害を通して政府や権力機関に毅然と立ち向かい、多くの闘いを勝ち取った。闘いに参加した人の大多数は若い男性で、コミュニティを救い、市民社会の結束を固める強さと自由を築き上げ、ウィリアム・ジェイムズの説く「戦争の道徳的等価物」を体現しているかのようだった。そんな若者の一人がわたしに語ってくれたのだが、彼は地震後にカメラを手に家を出たものの、一枚も写真は撮らず、寝るために家に帰ることもせず、〝部隊〟と呼ばれるグループの一員になった。警官や兵士たちがあまりに何もしなかったのに引き換え、こうした〝部隊〟は大活躍したので、市民は警官や兵士たちを無視し、代わりに被災現場に行き、交通整理を行い、メッセンジャーとなり、人的物的資源を組織化し、団結し、責任を全うした若いボランティアたちをひたすら応援した。

（『災害ユートピア』　邦訳の表記を一部変更した）

テピートの住民たちが団結したのは地震直後だけのことではない。彼らが政府に掛け合い数多くの闘争を余儀なくされたのは、政府の復興計画によって住居を追われそうになったからでもある。政府は多くのベシンダーを大量に買い取ったり、一度に三万人ものテピートの住民に転地を促したりした。そうしたことはメディアでも報じられ、市民の反感を生んだのだった。もともと、震災以前から、六〇年代に政府系組織を基にできたＮＰＯ〈住居と市街についての

＊ナオミ・クライン（一九七〇―）　カナダのジャーナリスト。『これがすべてを変える――資本主義ＶＳ気候変動』（二〇一四）など。

活動センター〉（COPEVI）などの働きかけに応じて、一部のベシンダーの住民たちは自らの住環境をよくしようとしていたこともあり、まさに一種の「ショック・ドクトリン」と言えそうな政府による掃討作戦に反対したのだ。地震から半年あまりたった一九八六年四月、あるベシンダーの住民がCOPEVIの援助を得て四年がかりで新築した新たな共同住宅への入居が始まった。ベシンダーの持つ共同体としての良さを活かしつつ、窓がなかったり衛生面にも問題を抱えたりするもともとのベシンダーの居住性を改善し、各住居が二階建てになったこの新たなアパートは、完成間近に経験した震災にもびくともすることなく生き延び、入居者を受け入れたのだ。以後、これをモデルとして同様の近代化されたベシンダーが近隣の街区でいくつも造られている。

✣遠いユートピアを夢見て

東京・下北沢の駅からほど遠からぬ場所に、その名もテピートというメキシコ料理のレストランがある。トリオ・デルフィネスというグループで活動し、ナット・キング・コールやハリー・ベラフォンテ、ペレス・プラードといったそうそうたるアーティストたちと共演したアルパおよびレキント・ギターの名手チューチョ・デ・メヒコ（ヘスス・オロアルテ）が来日して結婚した相手の久美さんが、彼の歌を聞かせる場として作った小さなレストランだ。当初は東北沢に開店したらしいのだが、私が知っているのは下北沢に移ってからの歴史だ。テックスメックスではない、メキシコ中央部の、私にも馴染みのメキシコ料理を出してくれる貴重な店でもある。

チューチョは港町ベラクルスの生まれではあるが、幼少期をテピートで過ごしたらしい。後にホワイトハウスでケネディやジョンソンにその歌を披露し、「テピートの貧民街からホワイトハウスへ行った」ことを自慢していたという。東京でレストランを開店後もほぼ毎晩のように店に出て、アルパやギターを弾きながら美声を披露していた。「ククルクク・パロマ」で知られる歌手トマス・メンデスがかつての付き人で、この曲も自分の家のリヴィングでできた曲なのだ、と自慢げに紹介しながら歌ってくれたりしていた。メンデスが付き人をしていたころは、もうベシンダーの住人ではなかったのだろうけれども、チューチョは幼少期を過ごしたテピートが忘れられずに、この名をレストランにつけたのに違いない。太平洋を隔てた遠い日本から、かつてのベシンダー、災害にあっては「地獄に建設される楽園」に変ずる共同体を思い出していたに違いない。

店のオーナーの久美さんのブログによれば、レストランをオープンして間もない二〇〇七年、彼女は夫自身からもその兄(デルフィネスで一緒だったホセか?)にも危険だから行くなと言われたテピートに、和服を着て行ったそうだ。一帯を牛耳る「理事長さん」の面識を得たからだという。おそらくは何らかのベシンダーの住民組織の長ということだろう。テピートの住民たちの共同体は堅固なようだ。

チューチョ・デ・メヒコは二〇一三年、八十歳で歌うことをやめた。その後、病気療養のためメキシコに帰り、二〇一六年、八十三歳で鬼籍に入った。

チューチョの病気療養に伴って、という意味合いもあるのだろうか、しばらく改装のために店を畳んでいたテピートは、以前の店舗から少し離れた住宅街の民家の一部を利用して営業を再開した。

Coyoacán
6
コヨアカン
嘆き声が聞こえてくる街

ある日、フリーダの父、秀れた写真家であるギエルモ・カーロが私にそっと言った。

「あんたはわたしの娘に関心がおありのようですな」

「おおいに。そうでなくてなんではるばるコヨアカンまで会いに来ましょう」

「あれは悪魔ですぞ」

「わかっています」

「そう、それでは警告はしときましたからな」

――ディエゴ・リベラ自伝
堀尾真紀子『フリーダ・カーロ』より

✣新市街の向こうがわ

ソカロ周辺の古い建物が建ち並ぶ歴史的中心街《セントロ・イストリコ》から南に下って行くとほどなく、景観というか雰囲気というか匂いというか、そうしたものが一変する。コロニアル様式の街からモダニズムの街に突入することになる。石造りの建物はほとんど見られなくなり、四角いコンクリート造りのどこにでもあるビルばかりが連なる。もちろん、時おり独特な形をしたものや、壁画をひけらかした建物も点在するのだが、地下から虐げられた者の嘆きが聞こえてきそうな重層的な街の面影はもはやなく、歴史のない代わりに空に向かって高く伸びる、薄っぺらなコンクリートの林を抜けていくことになる。ここは、いわば新市街なのだ。

ところが、この新市街をさらに南に進むと、再び風景が一変し、石畳の道が現れる。私たちはまた植民地時代に連れ戻されることになる。今でこそ広大なメキシコ市の一部に組み込まれているものの、かつて植民地期にはここはメキシコ市近郊の別の都市と呼ぶべき存在だったのだろうとの予想が成り立つ。そんな地域のひとつがコヨアカンだ。現在では十六ある区《デレガシオン》のひとつであるコヨアカンは、とりわけその中心街《セントロ》は石畳の道にコロニアル様式の建物が建ち並ぶ、メキシコ市内にあるもうひとつの都市だ（だからここにも、この都市のセントロがあるのだ）。

かつては火山の噴火によって埋もれたこともあるらしいが、それは太古の話。コヨアカンはスペイン人たちが征服にやって来たところ（一五一九年）には、テノチティトランすなわち現在の歴史的中心街付近とは異なる共同体だった。テノチティトランはテスココ湖という湖に浮かぶ島だったのだが（第一章参照）、湖畔からその島へ向かう堤道のひとつの入り口近くにあったのがコヨアカン（コヨーテの住む土地）だ。征服後、テスココ湖は四百年近い歳月をかけて埋め立てられ、現在ではほとんどが陸地となっている。逆に言うと灌漑・埋め立てが進むにつれてメキシコ市は広くなっていったのだ。歴史的中心街とコヨアカンの間に横たわる新市街は遅れて居住可能な市街地になっていったのだから、そこが歴史の厚みにかけるのは当然のことだ。

✣コヨアカンと征服

コルテス率いるスペイン人征服者の一行がやって来たところ、コヨアカンはテノチティトランすなわちメキシコ市とは異なる共同体だった。そこに住む人々もまた、異なっていた。テノチティトランのアステカ人に対し、コヨアカンに住んでいたのはトルテカ文明と呼ばれる文明を担った人々だ。トルテカの第二代の王がケツァルコアトルで、羽の生えた蛇の姿をとる神でもあるこの存在が、コルテスによるメキシコの征服に大きく影響し、その後のメキシコ・ナショナリズムにおいても存在感を持ってきたことは既に述べたとおりだ（第四章参照）。コルテスはこのケツァルコアトルの神話を利用し、ケツァルコアトルになりすますことによって、まずはテノチティトランの無血開城を成功させたことも、既に述べた。

コルテスがそのように振る舞うことができたのは、ベラクルスに入港後、湖畔に辿り着き、そこから堤道を伝ってテノチティトランに向かうまでの間に、情報収集をしたからだ。すぐれた策士ぶりを発揮したのである。この新大陸の地は決して一枚岩でなく、多くの民族が拮抗して共存する場であった。最大勢力たるアステカの民に表面上は従っているけれども、その実、反抗心を抱いているその他の民族が多数存在していた。そんな事情に気づき、ケツァルコアトルの神話のことを知ったからこそコルテスは、自らそれになりすまし、アステカ皇帝モクテスマを説き伏せたのだった。

かくして、ひとまずテノチティトランの無血開城を勝ち取ったコルテスではあったが、そこで征服が完了したわけではなかった。やはり先述のとおり、アステカの人々の激しい反発に遭うのだ。スペイン人のための教会を建てようとしたコルテスに対し、反発を示した民衆とスペイン人の板挟みになったモクテスマが殺されてしまったことで反乱はピークに達し、一五二〇年七月一日にはスペイン軍が敗走を余儀なくされたことすらあった。この日の敗走を、歴史家たちはノチェ・トリステ（悲しい夜）として記録に残して語り継いだ。敗走中のコルテスがある木の下で雪辱を誓ったとの言い伝えも残っている。それどころか、その木とされるものも存在する。その後態勢を立て直したコルテスは、最後には抵抗するクワウテモクをトラテロルコに追い詰めて捕縛、テノチティトランを陥落せしめた。

ノチェ・トリステは、何もスペイン人たちにとってだけ悲しいものだったのではない。コルテスに加勢したアステカ人以外の先住民にとってもまた、悲しい夜だったに違いない。スペイン人のみならず、彼らの中からも犠牲者が出たのだから。コルテスに加勢した先住民に目を向けてみよう。

とりわけコルテスに有益な情報をもたらし、通訳としても働いた人物は、マリンツィンとか（ドニャ・）マリーナとも呼ばれる女性で、最も多く用いられる呼称はマリンチェ（あるいは定冠詞をつけて、ラ・マリンチェ）という。ナワトル語とマヤ語を操り、ほどなくスペイン語もマスターしてコルテスに重用されることになる彼女は、先住民からの贈り物としてコルテスに差し出され、コルテスの愛人をも兼ね、征服の際に重要な役割を果たしたのだった。さらにはマリンチェは、コルテスとの間に子をもうけることになる。

征服が完了すると、コルテスはコヨアカンに住居を定め、ここをヌエバ・エスパーニャの首都とした。現在もコヨアカンのセントロ（中心街）にはコルテスの家と呼ばれる建物がある。現在の区庁舎だ。そしてその近くには、マリンチェの家と呼ばれるものも現存する。マリンチェの重要度が五百年の時を超えて今に伝えられているというわけだ。

ところで、コルテスという人物は、メキシコの征服に向かう前にはキューバ征服に参加したひとりだった。そこで武勲を立て、領地をもらい、妻も娶っていた。カタリーナ・スワレスという名のそのスペイン人女性を、コルテスは征服の完遂後メキシコに呼び寄せた。一説には彼女が自らの意志で海を渡り、メキシコまでコルテスに会いにやって来たとも言される。いずれにしろ、コヨアカンに居を定めたコルテスは、妻カタリーナとの同居を再開することになったのだ。しかし、カタリーナはコルテスとの間に息子マルティンをもうけていたマリンチェに嫉妬し、スペイン人たちの建てた教会で毎夕、呪いの祈りを捧げていたと言われている。一五二二年十一月一日、コルテスの家で催されたパーティーの最中、カタリーナはコルテスと激しい口論を戦わせ、そのまま倒れてしまった。ほどなく死んだ彼女を、コルテスは早急に埋葬し、スペインから会いにやって来た家族すらその顔を拝むことができなかった。母親はそのため、後年、コルテスに対する訴訟を起こしている。そのことからカタリーナはコルテスに絞め殺されたのだとの噂も流れた。ただし、彼女はメキシコの気候が肌に合わず、ぜんそく持ちであったこともあって健康を害していたとの情報もあり、死の真相は明らかではない。

自身が祈りを捧げていた教会ラ・コンチータの地下にカタリーナが埋葬されて四百五十年ほど後、この近くに住み始めた日本人がいる。ヴァイオリニストの黒沼ユリ子だ*。この地を拠点に音楽活動を続け、やがてはここに学校も開設することになる彼女が、コヨアカンに住み始めて十年ばかり経った一九八九年に出版した『メキシコの輝き』に書き記したところによれば、「引っ越したばかりの時」、マリンチェの家とラ・コンチータ教会の間にある小公園には夜は行かない方がいいと周囲から忠告を受けたという。カタリーナの遺体が「釘づけにされた木箱に入って、この教会の地下に埋められているため、今でも毎夜、みなが寝静まった頃になると彼女の亡霊が暗闇の中に泣きながら出て来るというのだ」と。

私たちはこれまでの章のいくつかで、メキシコ市の地下に埋もれた先住民の叫びが漏れ出てきそうな裂け目を見てきたのだった。その文脈に照らして考えるならば、コヨアカンでは、先住民ではなく、先住民女性に嫉妬したスペイン人征服者の妻の叫びが地下から漏れ出てきているということになろう。いずれにしても、メキシコに暮らす者は地下からの語りかけに耳を貸さないではいられない、あるいは地下からの声と共存せざるを得ないようだ。しかしながら、その地下から語りかけてくる声において、コヨアカンはメキシコ市中心部とはまた異なる性質の土地であることがわかるというものだ。

ところで、子供までもうけ、正妻に嫉妬されたマリンチェが嫉妬に値するような寵愛をコル

＊黒沼ユリ子（一九四〇―）　日本のヴァイオリニスト。一九八〇―二〇一二年、メキシコに暮らした。

テスから受けていたのかというと、そうでもないらしい。もともと先住民から贈与された存在だった彼女は、征服完遂後には部下に譲られているのだ。まるで払い下げだ。マリンチェはつまるところ、コルテスにとっては、あくまでも必要な期間だけ利用され、必要がなくなると捨てられる道具のようなものだった。コヨアカンにはカタリーナのそればかりでなく、マリンチェの泣き声すらもが響いてはいまいか……。

❖マリンチェの嘆き

コルテスに道具のように扱われたマリンチェではあるが、それでも彼女がコルテスの右腕となってテノチティトランの征服に貢献したことは間違いない。そして同時に、征服者コルテスの息子をもうけた人物でもあった。メキシコ人は混血（メスティソ）の国民だとする言説（第三章参照）の観点から見るならば、マリンチェこそはメキシコ人の最初の母でもある。後のメキシコ・ナショナリズムは、したがって、マリンチェに対し、憎むべき母との位置を与えることになるだろう。

ノーベル賞詩人オクタビオ・パスの『孤独の迷宮』（一九五〇）はメキシコ（人）論の古典だが、彼はここに「マリンチェの子」という章を設けている。「自分自身であることを望まないか、またはあえてそうなろうとしない」現代メキシコ人の心性を説明するのに、メキシコできわめて独特の意味を持ち、多用される動詞chingar（チンガール）の関連表現とマリンチェとを結びつけて説明している。

「強姦する、陵辱する」などの意味を持つ動詞chingarは、強烈な男性優位主義（マチスモ）によって特徴づけられ、「俺はお前の父親だ」のひと言が相手に対して最大の屈辱を与えるというメキシコ人の発話の体系内では、能動分詞になるか受動分詞として使われるかで大きな意味の違いを産み出す。「chingarする者」（chingón チンゴン）は益荒男ぶりの最大の発露としてポジティヴに用いられるが、「chingarされた者」（chingada チンガーダ）は、とりわけ処女聖母信仰を基礎とするカトリックの国であることもあり、屈辱的な形容詞となる。しかるにメキシコ人は自身を「チンガーダの息子」（他の地域のスペイン語や、特にスペイン語に限らず他のヨーロッパ語の多くで「娼婦の息子」とされる表現に相当する）と自虐的に呼ぶ。独立記念日前夜の儀式グリート（第二章参照）でも「メキシコ万歳、チンガーダの息子」などと続ける者が多い。メキシコ人とは「自分自身であることを望まない」国民なのである。そうした「チンガーダ」の根源には征服があり、征服時、自らコルテスに身を開き、「チンガーダ」となったマリンチェの存在がある。「子供が、自分を捨てて父を求めに行く母を許さぬのと同様、メキシコ国民はマリンチェの裏切りを許さない」（『孤独の迷宮』）のだ。

パス以前に出されたメキシコ人論の中で代表的なものに、サムエル・ラモス『メキシコにおける人となりと文化』（一九三四、未邦訳）がある。彼はそこで、アドラー心理学における劣等感形成のプロセスを参照しながら、メキシコ人の若者集団の言語特性を分析している。ラモスといいパスといい、メキシコ人とは劣等感に苛まれ自らを自虐的に表現する者たちのことだと主張しているわけだ。実際、個人的な感触から言えば、メキシコ人たちは頻繁に自らを卑下し、それを笑いに転化することが多いように思う。ただし、こちらが調子を合わせてメキシコ批判をしようものなら、激しく反論されたりするのだから、デリケートである。メキシコ人の自己卑下とは自罰と反省のためというよりは、確かにアイデンティティの確認なのかもしれない。

ちなみに、動詞chingarの関連表現の数々については、パスと並んで二十世紀メキシコを代表する作家カルロス・フエンテスの『アルテミオ・クルスの死』（一九六二）でも展開されている。数ページにわたって列挙されるそれらの表現には圧倒されるばかりである。地名のX表記（第一章参照）と並んで動詞chingarとその派生語句は、他地域で話されるスペイン語とメキシコのスペイン語を区別する二大要素なのかもしれない。メキシコ人とは、他者を罵倒するときに「娼婦の息子」ではなく「チンガーダの息子」と呼び、男らしさを自慢したいときには「俺は男だ」とは言わず、「俺は百%チンゴンだ」（私がかつて街頭で見かけたあるTシャツのレター）と放言する者のことなのかもしれない。

こうしたいかにもメキシコらしい語法をマリンチェの存在に結びつけるパスの発想は興味深

い。私は先に、ジャック・ラフェに言及しながら、グアダルーペの聖母とケツァルコアトルがメキシコのナショナリズムの核とされたことを紹介したが（第四章参照）、マリンチェの存在もまた、ひとつの核としてメキシコ人のアイデンティティを形成していると言えるだろう。ただしマリンチェはグアダルーペの聖母とは対極の位置を与えられているに違いなく、処女聖母信仰もマチスモも持ち合わせていない私などからすれば、不憫に思われてならないのだが。

かくして私は、コヨアカンのセントロ（中心街）を散策するときなど、どこかの地下から、コルテスの妻カタリーナのそれと同時に、マリンチェの嘆きが聞こえてくるのではないかと、耳を澄ませることになるのだ。

❖もうひとつの嘆きの声　フリーダ・カーロの青い家

コヨアカンのセントロを離れ、同名の地下鉄駅がある方角へしばらく歩くと、別の嘆き声を聞いたような気がしてそちらに引き寄せられていくことになる。嘆き声を頼りに歩き着いた先には、外壁を鮮やかな青に塗った屋敷が建っているだろう。その名も「青い家」。現在ではフリーダ・カーロ*記念館として一般客に門戸を開放する観光スポットだ。

＊フリーダ・カーロ（一九〇七―五四）　メキシコの画家。ディエゴ・リベラの妻。

フリーダ・カーロは、おそらく二十世紀メキシコの女性としては最も知られたひとりであり、今では彼女もまた、グアダルーペの聖母やマリンチェに負けず劣らずメキシコ・ナショナリズムの参照項の中で大きな位置を占める人物とみなして差し支えないだろう。

フリーダの声が聞こえるような気がするとして、それを泣き声と認識するのは、私たちが彼女の多難の人生と、悲しげな自画像をよく知っているからだろう。このコヨアカンで生まれ育った彼女は、六歳にして小児麻痺のため右脚の成長が止まり、以後、跛行したり高さの違う靴で不具合を調節したりすることになる。十八の歳には乗っていたバスと路面電車が衝突して重傷を負う。右脚と腰椎を損傷、それが遠因となって晩年の十年ほどはベッドに寝たきりの生活を余儀なくされた。交通事故での入院期間中に絵筆をとり画家になったのだから、転んでもただでは起きなかったということだろうけれども、それにしても私たちが目にする彼女の絵は、とりわけその自画像のシリーズは、彼女の悲痛な叫びを表現しているように思えるものばかりだ。

悲しむフリーダというイメージを増幅しているのが夫ディエゴ・リベラとの関係だろう。二十一歳も年上のこの壁画運動を代表する巨軀の画家（第二章参照）——偉大にして巨大——は、豪放磊落、と言えば聞こえはいいが、要するにメキシコ的マチスモを体現した典型的人物のようで、嫉妬はする、威圧的に振る舞う、挙げ句の果てに浮気も絶えず、フリーダを悩ませた。

結婚十年を数える一九三九年に二人は一度離婚しているほどだ。しかし、翌年には再婚したという事実に、私たちは二人のそれだけ強い愛の絆を見るべきなのか、それともDV夫に依存する妻の悲劇を感じ取ればいいのだろうか？　いずれにしろ、小柄なフリーダが百キロは優に超す夫と対峙するのは大変だったに違いない。ましてや彼女は身体に不具合を抱えていたのだ。

眉が繋がり口周りにうっすらと産毛の生えたフリーダ・カーロの自画像は、理不尽でタフな

▲フリーダ・カーロ「イバラとハチドリの首飾りをつけた自画像」（1940年）　テキサス大学オースティン、ハリー・ランサム研究センター蔵

夫と渡り合っていくのに充分な彼女自身の気性の激しさを表現しているようでもある。実際、フリーダ・カーロの神話は、夫の浮気にただ泣き寝入りするのでなく、あたかも報復のように自らも他の男や、そして女たちとすらも関係を持つ奔放な情熱を伝えている。

しかし、まるで横暴な夫への対抗であるかのような、裏返しのマチスモのようなものとして彼女の行動を見ていたのでは、フリーダ・カーロその人の魅力を貶めることになってしまうだろう。自画像の一本眉と口ひげにミスリードされてはならない。彼女の動く映像を見てみるといい。にこやかに身軽に動くその姿は、実に可愛らしくてチャーミングなのだ。魅力いっぱいの美しく若い女性（四十代の半ばにして死んでしまったのだから、彼女は永遠に若いままだ）。おそらくはそれが、生身の人間としてのフリーダ・カーロの実像だ。

そんな魅力にあてられたひとりが、ソ連邦を追放され、スターリンに追われ、ヨーロッパの国々から受け入れを拒否され、はるばるメキシコまで逃げてきたレフ・トロツキー*だった。フリーダ・カーロ記念館の青い家は実は彼女の両親の家で、一九三七年、亡命先としてメキシコを選んだトロツキーを当初、住まわせたのがこの家だった。ここで二人は禁じられた愛に苦しんだ。青い家から漏れてくるように感じられる嘆きの声とは、あるいはトロツキーのそれでもあるのかもしれない。

一九二〇—三〇年代のメキシコは、ヨーロッパから数多くの文化人を迎え入れて賑わった。

次いでスペイン内戦を、さらには第二次世界大戦を逃れてきた作家や知識人たちもこの国の文化状況を活性化することになり、二十世紀メキシコの学芸を語るに、こうした人の移動は欠かせない。既に言及したソ連の映画監督セルゲイ・エイゼンシュテイン（第四章参照）、写真家エドワード・ウェストン**とその愛人にして写真家、女優のティナ・モドッティ***、詩人のアントナン・アルトー****、同じく詩人のアンドレ・ブルトン*****らの来訪はとりわけリベラとカーロ夫妻にも深くかかわる出来事だろう。特にシュルレアリスムの領袖ブルトンは、リベラのアトリエ兼住居となるサン・アンヘルの家（第七章参照）に投宿し、親交を結んだ。

政治亡命者トロツキーの来訪もまた、こうした文化的出来事のひとつに違いない。メキシコ到着後トロツキーは、まず自分を罠にかけ追放した張本人たるスターリンが、悪名高い粛正の

*レフ・トロツキー（一八七九―一九四〇）　ソ連邦の政治家、思想家。

**エドワード・ウェストン（一八八六―一九五八）　アメリカ合衆国の写真家。

***ティナ・モドッティ（一八九六―一九四二）　イタリア生まれのアメリカ合衆国の女優、写真家。

****アントナン・アルトー（一八九六―一九四八）　フランスの俳優、詩人。『タラウマラ』（一九四五）などのメキシコについての著作がある。

*****アンドレ・ブルトン（一八九六―一九六六）　フランスの詩人。前衛芸術運動の代名詞シュルレアリスムを主導した。

MUSEO
FRIDA KAHLO
247

▲青い家（2016年2月撮影）

▲左からリベラ、トロツキー、ブルトン（1938年）　撮影：Manuel Álvarez Bravo

手段に用いたモスクワ裁判を批判的に検討する委員会（デューイ委員会）を組織し、次いで同じくスターリン主導の第三インターナショナルに対抗すべく第四インターナショナルを立ち上げた。メキシコの、そして世界の共産主義者や共産党シンパたちに影響を及ぼしたのだ。

　スターリンの野望の犠牲にならなければ、あるいはソ連邦の次期最高指導者になっていたかもしれない五十代も後半にさしかかった百戦錬磨の強者と、まだやっと三十の声が聞こえたばかりの若い画家のいかにも不釣り合いな二人の恋愛とはどういうことか？　メキシコに長く住んだノーベル賞作家J・M・G・ル・クレジオ*は「フリーダはトロツキーと、彼女の好きなゲーム――誘惑ゲーム、恋愛遊戯――を、後ろめたい気持を感じないわけではなかったが楽しんだ」と解釈している。

どうやらフリーダの方が強い興味を示して積極的に秋波を送り、トロツキーはその魅力に心が揺れたということらしい。一本眉に口ひげの自画像のフリーダではない。生身の、魅力たっぷりのフリーダに、辛い逃亡生活ですさんだレオン（レフ・トロツキーはメキシコでは主にレオン・トロツキーの名で認識されている）の心はきっと和んだに違いない。

とはいえ、その辛い逃亡生活をともに乗り越えてきた妻ナターリャ・セドーヴァを悲しませることになっては心が痛む。フリーダは二人の関係を夫リベラには気づかれないよう気を配っていたらしいのだが、トロツキーの方は妻のナターリャに隠しおおせなかったようだ。再びル・クレジオの言葉を引くなら、「ラテンアメリカ女の魂の複雑さにはほとんど慣れていないトロツキーは、フリーダが三人の間で演じようと決心した遊戯をよく理解できなかった」かもしれないというのだ。夫妻は一度、別居を決意し、トロツキーは首都を離れている。その後、話し合いを経てフリーダとの仲を清算し、妻のもとに戻ったトロツキーは、フリーダの件とは別個にリベラとの仲がぎくしゃくしてきたこともあって、青い家を出て近くに新たな住まいを見つけることになる。そしてそこで悲恋の嘆きではなく、今度は断末魔の叫びをあげることになる。

＊J・M・G・ル・クレジオ（一九四〇―）　フランスのノーベル賞作家。『黄金探索者』（一九八五）など。

✣緑の家　レフ・トロツキーの断末魔の叫び

フリーダ・カーロ記念館の青い家に対抗して緑の家と呼ばれているわけではない。外壁内側の一部が緑色に塗られているし、庭のサボテンなどの植物、母屋の壁を伝う蔦などが印象的なので、そう呼んでもよさそうだというだけのこと。居候生活を抜け出し、フリーダとの関係を清算し、リベラとも距離を取りたくなったこともあってトロツキー夫婦が移り住んだのは、青い家から東に三ブロック、北に二ブロックほど行った、つまりすぐ近くにある家だった。ビエナ通りという通りが住所表示には使われていたのだから、当時はその通りに面する側が正面だった。かつての表門は今ではコンクリートで塗り固められ、屋敷内にはレフ・トロツキー記念館本館から入るしかない。かつては隣家だったはずの記念館本館には、リオ・チュルブスコという名の大通りから入る。チュルブスコ川の意だが、トロツキーがいた当時は本物の川だった通りだ。記念館は赤いファサードがそのままパネルになっているのが印象的だ。

ところで、このリオ・チュルブスコをもう数ブロック東に行くと、トラルパン自動車道という大通りと立体交差する。その交差点の向こう側にチュルブスコ・スタジオという映画の撮影所がある。メキシコ一国と言わず、ラテンアメリカの映画を見ているとその多くのエンド・クレジットに名前を見ることのできる重要な施設だ。撮影所として場所を貸すのみならず、編集などのポストプロダクションの場を提供したり機材の貸し出しをしたりして映画産業を支えているのだ。リオ・チュルブスコを逆の方に向かって行けば、今度は、やはり通りの反対側にシネテカ（国立フィルムライブラリー）が姿を現す。地下鉄コヨアカン駅に近いこの場所では、いかにもフィルムライブラリーらしい古典映画の特集上映のみではなく、新作映画もスクリーンにかけ、フィルムライブラリーゆえの安価な入場料（一般の映画館も入場料は五ドル程度だが）で一般に公開している。休日などは多くの観客が詰めかける。このようにまとめてみれば、コヨアカンは今では映画の街でもあると言えそうだ。少なくともチュルブスコという名は、現代の映画産業に強く結びつくものである。

そんなチュルブスコ川を背後に構え、トロツキーが映画よりもよほど劇的な非業の死を遂げることになったのが、ビエナ通りの家だ。トロツキー夫妻はここで一九三九年五月からの一年少しを過ごすことになった。一度、壁画運動を代表する画家ダビッド・アルファロ・シケイロスに率いられたグループに暗殺されかけたこともあり、「要塞」と呼ばれるほどに厳重な警護体制を敷いて住んでいたのだが、そうした用心も虚しく、トロツキーはこの家で、この家の中心部にある書斎で殺されることになるのだ。

暗殺者の名はラモン・メルカデール。スペイン人だ。離婚した母とともにフランスで過ごし、彼女に感化されて共産党に入党、ソ連邦のスパイになった。ジャック・モルナール、またはフランク・ジャクソンなどと名乗って後にトロツキーの秘書となるシルビアに接近、家主を油断

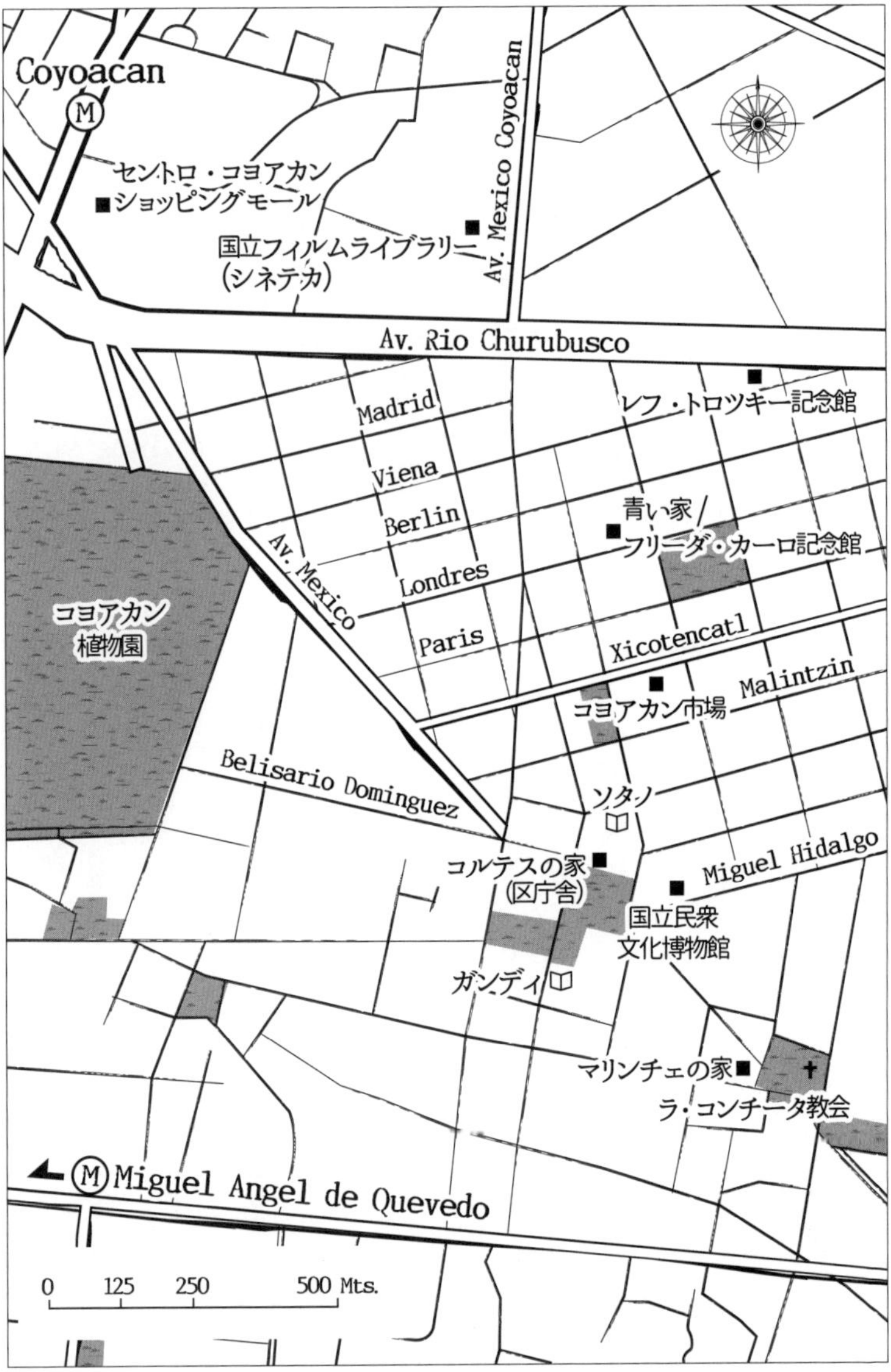

COYOACAN コヨアカン

させ「要塞」の堅固な警護をくぐり抜ける特権を得た。一九四〇年八月二十日、トロツキーに自分の論文への助言を請うたメルカデールは、読み耽るトロツキーの頭部にピッケルを突き立てた。

キューバの小説家レオナルド・パドゥーラ*は、『犬が好きだった男』(二〇〇九、邦題『犬を愛した男』)という五百七十ページにおよぶ大部の小説でトロツキーの暗殺を扱っている。トロツキーの厳しい逃避行を扱った章と、メルカデールがいかにソ連邦のスパイになり暗殺におよんだかを語る章とが、晩年のメルカデールと知り合ったキューバ人の語りを合間に挟みながら展開する小説は、悲劇で終わることがわかりきっているだけに読んでいて余計に辛い。凄惨な暗殺の瞬間の記述も、行為そのものよりもメルカデールの心理に焦点を当てて展開し、スリルを増している。数ページにわたって展開されるメルカデールの心理描写は読む者の息を詰まらせる。最後の半ページばかりを引用してみよう。

彼はピッケルを打ち下ろす正確なポイントを観察した。たったひと振りだ。そうすればすべてが終わるはずだ。これで再び自由になるのだ。本質的に自由に。彼は考えた。たとえ

*レオナルド・パドゥーラ(一九五五―) キューバの小説家。『アディオス、ヘミングウェイ』(二〇〇一)など。

警備員に殺されたとしても全面的な解放を得るのだと。早く振り下ろしたらどうだ？　怖いのか？　自問した。不慮の事態でやめられればいいとでも思っているのか？　警備が入ってくるとか、ナターリヤ・セドーヴァがやって来るとか、この老いぼれが振り返るとか？　だが誰もやって来なかった。地球儀は落ちなかった。ピッケルは彼の汗ばんだ手から滑り落ちなかった。老いぼれも振り返らなかった。そのときは振り返らなかったけれども、フランス語で言ったひと言が決定的だった。

「これはクズだね、ジャクソン」。彼は鉛筆をページの右から左へ、左から右へと走らせてバツ印を作った。

瞬時、ラモン・メルカデールは犠牲者自らが命令を下したと感じた。右腕をあげて大きく振りかぶり、短く切ったグリップを力強く握ると、目を閉じた。彼は見なかったはずだ。最後の瞬間、死刑を執行されようとするその男が、添削した原稿を手に振り返り、そこにジャック・モルナールを、自分の頭蓋骨の真ん中を目指して精一杯ピッケルを振り下ろすこの男の姿を見出した瞬間を。

驚きと痛みの叫び声がビエナ通りの無駄に終わった要塞の土台を揺るがせた。

（『犬が好きだった男』）

ラモン・メルカデールは二十年の刑期を終えてソ連に帰国、英雄として勲章を授かり、晩年はキューバに住んだ。一九七八年にキューバで死亡したものの、未亡人の要請にしたがって遺骨はソ連に返され、今はモスクワに眠っている。

✣夢の跡

フリーダ・カーロ記念館の青い家と、そこから五分と離れていないレフ・トロツキー記念館とを続けて訪問した者は、仮にも一度は愛し合ったらしい二人の代表的知識人をそれぞれに記念する場所の、あまりの違いに言葉を失うかもしれない。休日、開館前の時間ともなれば長蛇の列ができるほどの賑わいをみせる青い家に対し、トロツキー記念館は、三人も人の姿が認められれば上出来といった具合なのだ。青い家の方が数倍広いが、来訪者で賑わっている。

友人のエピソードが面白い。大学院時代、メキシコ留学中の彼のもとに、大学の先生が研究旅行のついでに訪ねて来ることになった。先生はロシアの専門家なので、トロツキー記念館を見たいと所望していた。友人は、案内して上げることになったのだが、彼自身、その場所には行ったことがなかった。それで予定の日の前日、ひとりで下見に行った。翌日、先生を案内してその場所に再びやって来た友人に、受付の職員は言ったという。お前、昨日も来ていたよな？　そうか、そういう事情か。それなら特別にお前の入場料は免除しようじゃないか……賭けてもいいが、青い家ではこうはいかない。

思うに、こうした違いも当然と言えば当然だ。人は大抵、メキシコにメキシコらしさを探しにやって来るのだ。メキシコに生まれ育ち、メキシコの民族衣装ウィピルを着た自画像で知られるフリーダ・カーロが、生前、自らの生き様を演出するために愛用したメキシコらしさとフリーダらしさを湛えた物の数々を展示する青い家に来れば、彼らの望みは満足させられるに違いない。そこには一時期、ロシアから政治亡命者としてやって来た大物政治家が住まい、この家の主であるフリーダとの道ならぬ恋に苦しんだのだが、そうした形跡など見て取ることは難しいのかもしれない。

一方、トロツキー記念館にメキシコらしさを見出すとすれば、住居跡の中庭に生えるサボテンくらいだろうか？　生前そのままに保存された食堂や書斎、その他の居室の調度品がかろうじてメキシコ製であるには違いないが、そういった物ならばわざわざトロツキー記念館に行かなくとも見ることができる。

私が初めてトロツキー記念館を訪れたのはしがない留学生のころで、そんな私にとっては充分な大きさに思われはしたけれども、それでもトロツキーの本来ならば占めるべきであった地位を考えるとあまりにもつましい平屋建ての家に、たいそうさびしい印象を持った記憶がある。観光客が少ないだけに余計にさびしかった。

▲往時のまま保存されているトロツキーの書斎（2016年2月撮影）

でもそうしたさびしく慎ましい印象とは別に、身が引き締まる思いがしたのも間違いない。殺害現場となったものの、その凄惨な事件の直前のままを復元した書斎でのことだ。そこでトロツキーの断末魔の叫びが聞こえたかどうかは定かでない。私は研究者を目指す学生だった。修士論文を出して間もないころだった。貧しく、さすがに暗殺される恐れこそないものの、将来に対する漠たる不安を抱え、それでも自身の生涯の大半を読書と執筆に費やす覚悟を決め、恐る恐るそれを実践に移し始めたばかりだった。駆け出しの私がトロツキーほどの大物になれると思ったわけではない。トロツキーほどの膨大な著作を発表するのも、夢のまた夢に終わるかもしれない。それでも、命を狙われて明日も知れぬ身でありながら、読み、書き、自らの思想を着実に形にしていこうとするひとりの知識人の姿勢がそこに見えたような気がしたのだ。私が手本としなければならない生活が確かにあったのだ。およそ知に奉仕する者とは、こうしたものだ。先人が切り開いた地平の広さを充分に認識した上で、そのどこかの場所をほんの少しでも広げようとする。その不断の努力の前では、明日死ぬかもしれない自らの命など、取るに足らない些事である。たとえ明日命が絶えようとも、今日は行けるところまで地平を広げておこう。そのために本を読み、文章を書くのだ。そうした決意が、他人の論文草稿を読んでいる最中に殺されたトロツキーの書斎には漂っていた。メキシコ的なものを求めるなら、青い家に行くがいい。しかし、トロツキーの書斎には国を超え時代を超える知への憧れが見えるかもしれない。トロツキーの夢の跡。若かった私の夢……。

トロツキーが妻のナターリャとともに眠る庭の墓碑の正面には、この家に越してきたときにトロツキーが手ずから造ったウサギ小屋が今もある。もちろん、ウサギはもういない。

▲トロツキーの家のウサギ小屋（2016年2月撮影）

San Ángel
7
サン・アンヘル
幻のトラムに乗り換えて

そこは暮らすのにいい場所で、誰もが知り合いで、澄みきった水のほとばしる川のほとりにあって、その川床にはすべすべになった岩が、白くて大きくてまるで先史時代の卵のような岩がごろごろしているのだった。

——ガブリエル・ガルシア＝マルケス『生きて、語り伝える』

✣サン・アンヘルの二つの家

コヨアカンから少し西に移動して、サン・アンヘルに行ってみよう。

サン・アンヘルはもともと、植民地時代の貴族が、そして後には大農園主が所有していた農園で、二十世紀の初頭にはその農園の建物を利用してサン・アンヘル・インというレストランが造られたことで知られた場所だ。レストランは今では旧サン・アンヘル・インを名乗り、その建物は国の文化遺産に登録されている。その斜め向かいにはディエゴ・リベラのアトリエを兼ねる住居がある。フリーダ・カーロの家からだと、車でも二十分くらいはかかるだろうか。ディエゴのアトリエもフリーダの家同様、今では記念館になっている。観光スポットのひとつだ。そしてここからほど遠からぬ場所には、コロンビアのノーベル賞作家ガブリエル・ガルシア＝マルケス*が長く住み、彼の終の棲家となった家もある。

一九六一年にメキシコ市にやって来たガブリエル・ガルシア＝マルケスは、この街で映画の脚本などの仕事をしていた。六五年のある日、仕事仲間のカルロス・フエンテスと港町アカプルコに向けて高速道路を走っていた彼は、それまでに書きためた中短篇の集大成となる長篇小説の啓示を得たと言われている。少なくとも当事者のフエンテスは、「彼をまじまじと見てびっくりした。何が起こったのだろう？（略）ガボの表情があり得ないほど神々しく輝いているのはなぜだ？」と思ったと証言している。劇的なインスピレーションの瞬間だったようだ。

それから十八カ月間にわたって家に籠もりきりになった作家が、毎日六時間、主に午前中に執筆し、完成させたのが『百年の孤独』（一九六七）だ。これを書いている期間、作家は他の一切の仕事を断り、雑談したりその日書いた原稿の朗読を聞いたりするために夜ごと訪ねてくる友人たちの手土産に頼って生活した。妻のメルセデスは借金をしたりツケで食料品を手に入れたりして息子たちを養い、家賃も滞納したという。家賃を滞納しながら住み、後に二十世紀の文学史を書き換えるほどの大きな影響力を及ぼす大作を書いたこの家というのが、コロニア・サン・アンヘル・インの物件だ。その後、ノーベル文学賞を受賞し（一九八二年）、世界的な有名人となった彼の家の前には、「『百年の孤独』が執筆された家」とのプレートが掲げられたが、いつしか盗まれたらしい。そのプレートがなければ、閑静な住宅街の街路樹が目に優しい街区に佇む、ごくありふれた中流家庭の一軒家だ。

＊ガブリエル・ガルシア＝マルケス（一九二七―二〇一四）　コロンビアのノーベル賞作家。『コレラの時代の愛』（一九八五）など。

とはいえ、私はこの家の中に入ったことはない。何度か訪れたことがあるらしい久野量一*の筆に頼るとしよう。

表玄関を入り、空っぽのガレージを抜けて、いくつかの部屋を通り過ぎ、透明なガラス張りの応接間に出る。中庭に面している。ガラス戸を横に引いて庭におり、緑の芝生に並んだ足元の敷石を確かめながら進んでゆくと、平屋の建物がある。やはり透き通っている窓ガラスと壁の白さにふと目が眩むような気がする。そこが離れの仕事場だ。曇り空のメキシコシティ。隣家との高い石塀には蔦がからまっている。オウムはどこにいるのだっただろうと見回してみるが見当たらない。

（「解説―喧噪と静寂」『生きて、語り伝える』より）

「ここを訪れるたびに印象に残るのは、大きな透明のガラスと、そして静けさだ」と述べる久野は、ノーベル賞作家がここに長く住む理由は、この静けさなのではないかと推測している。作家の執筆していた書斎は、雑誌などで幾度か紹介されたことがあるので、目にしたファンも多いだろう。四方を書棚が埋め尽くし、広い机の上にはマッキントッシュのデスクトップ・コンピュータが鎮座している。『百年の孤独』執筆当時は当然、こうした機材はなく、その代わりにタイプライターが（人差し指だけでキーボードを叩いていたと言われる）置かれていたはずだが。ともかく晩年の作家は、これとまったく同じ環境の書斎をバルセローナ（スペイン）とカルタヘーナ・デ・インディアス（コロンビア）の別宅にも再現し、その三つの拠点のいずれでも快適に執筆活動に没頭できるようにしていたという。

地中海に面したバルセローナ、カリブ海に面したカルタヘーナと異なり、唯一海の見えないメキシコ市（かつてはテスココ湖を望む場所にあったとはいえ）のこの地に、結局いちばん長く住んだカリブ人ガルシア＝マルケスは、しかし、不思議なことにメキシコ市についての小説を一篇も書いていない。

一九二九年に結婚したディエゴ・リベラとフリーダ・カーロの夫妻は翌年アメリカ合衆国に旅立ち、ニューヨーク、デトロイト、サンフランシスコなどでその足跡を残すことになった。ただし、ニューヨークのラジオ・シティでは依頼されたロックフェラー・センターの壁画にレーニンを描き入れたことによって中止を命ぜられ、壁画は取り壊されたのだが。こうした挫折を含んでいたとはいえ、この旅は夫妻の懐を潤わせたのだろう。旅を終えて帰国後の一九三三年、リベラは建築家のフアン・オゴルマンに依頼してここサン・アンヘルにアトリエ兼住居を建て、

＊久野量一（一九六七―）　日本のラテンアメリカ文学者。訳書にフアン・ガブリエル・バスケス『コスタグアナ秘史』など。

フリーダと二人で暮らし始めた。身体の大きさに合わせて夫妻が分け合った大小二棟の建物が三階の渡り廊下で繋がっている建造物だ。フリーダが使っていた方の小さな家は、ここでも青く塗られている。ピンクと白に塗られた大きな家の内部にあるディエゴのアトリエは、当時の様子が再現され、日々、観光客で賑わっている。

この家で、しかし、フリーダは悲しんだ。既にほのめかしたように、夫ディエゴが浮気をしたからだ。とりわけ彼女を深く傷つけたのは、ディエゴが妹クリスティーナと関係を持ったことだろう。一九三五年には、「ちょっとした刺し傷」というタブローを描いているが、美術史の堀尾真紀子はこの絵をディエゴの浮気によるフリーダの苦しみの表明と見ている。またル・クレジオは、これをフリーダから「ディエゴにあてた手紙であり、その中で彼女は若干のユーモアと羞らいを混じえながら、ディエゴが背信によって彼女に加えた苦しみを語る」と解説している。

そのタイトルが喚起するイメージに反し、「ちょっとした刺し傷」は凄惨な殺人現場を描いたものだ。何カ所もめった刺しにされてベッドの中央に横たわる女の死体、それを見下ろすベッド脇に佇む男、部屋中に鮮血が飛び散っている。刺した側の言い分とすれば「ちょっとした刺し傷」を与えただけのものが、刺された側には致命傷であるということだろう。なるほど、女癖の悪いディエゴにとってみればいつもの浮気が、フリーダにとってみれば命を奪われるほどの大きなダメージだったことを暗示する絵とみることはできそうだ。フリーダはこの年、少し離れた場所にアパートを借り、ディエゴと別居している。

別居は数カ月で解消され、フリーダはこのサン・アンヘルの家に戻るのだが、ここから三九年の離婚、四〇年の再婚にまでいたる六年ほどの期間をル・クレジオは「ディエゴとフリーダが交えた闘い」と称している。フリーダもディエゴに負けじと浮気し、外国からの客をもてなして積極的に世界と関わりを持ち、フリーダ自身も名声を獲得してニューヨークやパリで個展を開いたりして自らの存在を主張し続けたのだ。このときもてなした「外国からの客」のひとりがトロツキーであり、アンドレ・ブルトンだったというわけだ。ブルトンはメキシコに滞在した三カ月あまりのほとんどをこの家で過ごしている。

一九四〇年に再婚した二人は、このサン・アンヘルの家をアトリエとしてのみ使い、実際にはコヨアカンのフリーダの実家、あの青い家に住んだ。サン・アンヘルのこの家は、住居としてはただ「闘い」に使われたようなものだ。

✣サン・アンヘルの二つの顔

サン・アンヘルのもうひとつの観光スポットに、デル・カルメン教会とその界隈がある。三月くらいには庭のハカランダ（ジャカランダ）の紫色の花が美しいこの教会は、建物内にミイラを保存していることで知られている。桜の樹の下には屍体、ならぬハカランダの樹の下にはミイラが埋まっているのだ。やはりメキシコに住むことは、地下に存在する何かに恐怖したり耳を澄ませたりして生きることなのかもしれない。デル・カルメン教会の地下に保存された幾体ものミイラを、私たちは順路に沿って見て回ることができる。

レボルシオン通りを挟んだはす向かいにはデル・カルメン広場があり、土曜日にはバザールが開かれる。バザールに合わせ、画家たちが自分の作品を広げてアピールしている。そんなハレの日でなくとも、この広場の周辺には、手工芸品店が軒を連ね、加えて本家本元のサン・アンヘル・インに張り合うかのような立派な一軒家の店舗を構える高級レストランも居並び、賑わいをみせている。それらの建物を辿ってあくまでも石畳が続く道を行くと、同様に土曜バザールの開催されるサン・ハシント広場に出る。デル・カルメンからサン・ハシントまでの二つの広場が形作る楔形の地形は、伝統的で瀟洒でありながらもアート（画家たちの絵という意味でも手工芸という意味でも）に溢れたメキシコのイメージに寄与している。

今はもうないけれども、デル・カルメン広場と同名の石畳の道を隔てた場所には、かつてメキシコYWCAのホステルがあり、政府の奨学生として初めてこの地に着いた私は、他の奨学生たちとともに、研修や奨学金受給手続きにあてられた最初の幾日かをここで過ごした。デル・カルメン広場とその周辺の石畳の道は、したがって、私にとっての初めてのメキシコ市だったのだ。夕方、もう暗くなりかけたころに到着して、宿泊についての説明を受け、とりあえず部屋に落ち着いた後に、夕食でも摂ろうと建物の門を出て広場に足を踏み入れたときの印象は忘れ難い。ここは恋をするに足る街だと確信したのだ。

当時は周辺の高級メゾンなどには気づかず（気づいたとしても入れるわけもなく）レボルシオン通りを南下して安食堂を求めた私は、すぐにサン・アンヘルのもうひとつの顔に気づくことになる。少し離れた場所にあったのは、バス・ターミナルとでも呼べそうなほどに多くの乗り合いバスが待機する小広場だった。周囲には物売りのテントや屋台が多数あって、その点でも駅やターミナルのようだ。ここからとても覚えきれないほど数多くの路線のバスが旅立っていくのだ。

念のために言うと、この場所は正式なターミナルではない。メキシコ市には東西南北にそれぞれバス・ターミナルがあり、全国各地に向けた長距離バスが発着している。これらのターミナルは立派な建物を構え、その構内にはチケット売り場や待合室はもちろん、売店なども揃っている。たとえば地下鉄に北ターミナルという名の駅があるほどのランドマークとなっているこの長距離バス・ターミナルをバス・ターミナルと呼ぶなら、当時はまだ屋根もなく、ちょっとした広場に小型バスが集まっているだけだったこの場所はターミナルではない。ターミナルのような場所だ。乗り合いバスの自然発生的な操車場だ。

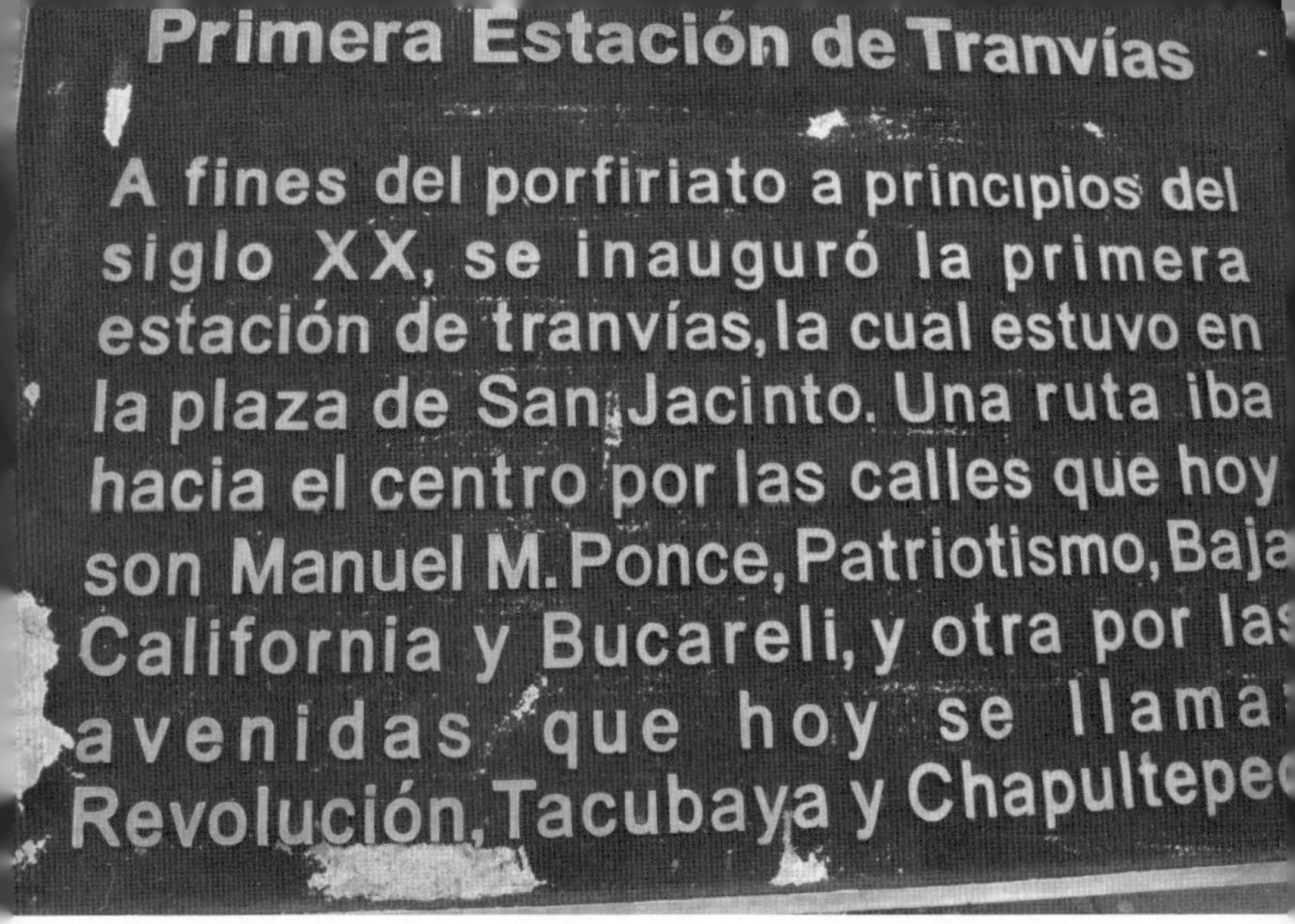
Primera Estación de Tranvías
A fines del porfiriato a principios del
siglo XX, se inauguró la primera
estación de tranvías, la cual estuvo en
la plaza de San Jacinto. Una ruta iba
hacia el centro por las calles que hoy
son Manuel M. Ponce, Patriotismo, Baja
California y Bucareli, y otra por las
avenidas que hoy se llama
Revolución, Tacubaya y Chapultepe
▲デル・カルメン広場のプレート（2009年撮影）

市内を走るバスで主要なものは、今ではメトロバス（スペイン語風に発音するなら、メトロブス）の名で整備されている。専用のレーンと乗り場（駅）を持ち、決められた数本の路線（二〇一九年現在、七路線）を走る主に複数両編成の大型バスだ。このメトロバスと地下鉄だけではカヴァーし切れない場所に路線を張り巡らせて庶民の足になっているのが、ペセーロと呼ばれる小型バスだ。サン・アンヘルのターミナル風小広場にたむろしているのは、そのペセーロだ。二〇一六年六月にはメキシコ市当局が流通を禁止したのだが、二〇一八年三月現在、まだいたるところを走り回っているようだ。メトロバスには路線図があるが、ペセーロの路線網を把握するのは難しい。その分、規制することも難しいのかもしれない。

このペセーロの乗り場が、実は乗り換えターミ

▲サン・ハシント広場。最初のトラムの駅があったはずの場所（2017年3月撮影）

ナルだったのかもしれないと思いついたのは、メキシコ暮らしもだいぶ経ったある日、デル・カルメン広場の入り口に小さなプレートを見つけたからだ。プレートにはこう書いてあった。

最初のトラムの駅

ポルフィリオ・ディアス政権末期、二十世紀初頭、最初のトラムの駅が落成した。所在地はサン・ハシント広場。今日の名で言うマヌエル・M・ポンセ、パトリオティスモ、バハ・カリフォルニア、ブカレリの各通りを辿って中心街へ向かう路線がひとつ、もうひとつの路線は今日のレボルシオン、タクバヤ、

＊ポルフィリオ・ディアス（一八三〇―一九一五）　メキシコの軍人、政治家。一八七六年から一九一一年にかけて、実質的に独裁制を敷いた。

チャプルテペック通りを通るものだった。

デル・カルメン広場の少し奥にあるサン・ハシント広場はトラムの最初の駅で、ここから発する二つの路線がそれぞれのルートを辿って、中心街まで、そしてその最たる中心のソカロまで走っていたのだ。中心街方面からトラムに乗ってきた人たちはここで電車を降り、近くの広場にたむろして客を待っているペセーロのひとつに乗り込み、さらなる郊外へと向かったのだろう。トラムの駅の近くにおあつらえ向きの小広場があったから、ペセーロの運転手たちはその広場に車を停め、自分の得意とする方角へ向かう客を拾ったのだろう。あるいは逆に、自分の住む家の近辺から客を乗せてこの広場まで運んでくると、ここから先は近くのサン・ハシントからトラムにでも乗って行ってくれ、と伝えて客を降ろしたのかもしれない。デル・カルメン広場のプレートを見つけた私は、そう納得した。

トラムが私たちを惹きつけるのは、それが典型的な近代の産物だからかもしれない。近代の産物とはいっても、蒸気機関車のような猛進するイメージとは確実に一線を画している。トラムは近代の別のある感受性を絶妙に表現しているように思われてならない。ヨーロッパの街々で十九世紀末葉に導入されたトラムは（たとえばスペインではマドリードとバルセローナに一八七〇年代に開通する）当初、馬を動力としていた。いわば乗合馬車の大型版だったのだ。それが二十世紀に入ると電化する。電化の際にはたいそうなスキャンダルがあったのかもしれない。一九二〇年代前後の各国の作家たちのエッセイの中には、トラムの電化を憂えるものが散見される。同じひとつの名前で呼ばれながら動力が変化した大衆輸送手段はほかにない。消えゆくものを嘆くと同時に新しいものを歓迎するのが近代の感受性であり、モダニズムとはこの両面性の上に成り立つ心情だが、またたく間にひとつの様態から他の様態へと変態を遂げたこの乗り物は、そんなモダンの時代にぴったりの乗り物なのだ。

メキシコでも、十九世紀にはラバの引く乗り合いトラムが走っていた。その路線のひとつはサン・アンヘルの少し北、ミスコアックあたりまで延びていたようだ。その後の「レボルシオンを通る」路線だ。そしてこれら既存のトラムを電化し、すなわち路面電車にしようという動きが起き、早くも一九〇〇年には電化されたトラムが開通した。だからこのプレートに謳っているのは、電化されたトラムの最初のターミナル駅ということだろう。もう一方の端のターミナルは、もちろん、ソカロだ。メキシコ革命期の、つまり一九一〇年代の古い写真などを見ると、ソカロの外縁、現在では自動車道になっている場所は、トラムの操車場として賑わっていたことがわかる。

▲サン・ハシント広場近くの石畳道。まるでレールの跡のようだ（2017年3月撮影）

✣トラムに乗って1　オクタビオ・パス

私はこの後、もう一度市の中心街《セントロ》に戻るつもりだ。最初に見たソカロ周辺部の少し西寄り、歴史的中心街《セントロ・イストリコ》と呼ばれているあたりに行きたいと思う（次章）。このサン・アンヘルからレボルシオン通りを伝ってそこへといたる道のりを、今はもう廃止された路線を空想上のトラムに乗って辿ってみようではないか。そうすれば時空を超えてかつてそれに乗った人々に出会えるかもしれない。ちょうどサン・ハシント広場周辺の石畳道には、トラムの軌道の名残のような、他とは異なる一直線の石の並びがある。これを辿ることから始めて、レボルシオン通りに出て市内を北上してみよう。

レボルシオンを北に辿ると、ほどなくミスコアックに到達するだろう。ここの停留場からは若きオクタビオ・パスが乗り込んでくるに違いない。彼は市内中心部の生まれではあるが、革命後、ここミスコアック近くの祖父の家に引っ越してそこで少年期を過ごした。そんなオクタビオ少年はトラムに乗ってメヒコまで、すなわちセントロまで行くのが楽しみだったと後に述懐している。ミスコアックからソカロまでは四十五分。「その後現れるバスや地下鉄よりははるかに快適」な旅だったという。

タクバヤを過ぎるとトネリコの通りに入っていきます。緑の天井にすっかり覆われることになります。美しく、車内ではじっくり読書できます。

（「転落した偉大さ」アルベルト・ルイ＝サンチェスによるインタヴュー）

タクバヤというのはコンデサの南西にある街区で、コンデサ同様、今ではいくつかのコロニアに跨がる地区だ。チャプルテペック公園の南辺に隣接してもいるこの地区は、かつては（コヨアカン同様）テスココ湖の畔にあった。近年人気を集めている建築家ルイス・バラガンの家もこの界隈にある。

パスはトラムの車内で「じっくり読書」をしていたという。長じて詩人になる人物だから、もちろん読書好きな少年だったのだろう。しかし、この場合の読書には学校の予習・復習も含まれていたに違いない。十代のパスは中心街コロニア・フワレスにある中学に、さらにはソカロの近く、今の中央神殿がある場所の向かいにあった国立大学予科に通っていたからだ。詩人は後に、そんな学校時代とトラムを思い出し、「サン・イルデフォンソの夜想曲」（未邦訳）という詩を書いている。「ソカロ広場／天空のごとく広大な／透明の空間／こだまが跳ね返る壁」と深夜の中央広場を歌う一節があるのは、オクタビオ少年が夜遅くまで学校で勉強し、仲間と議論を戦わせていたからだ。「思考の颪／言葉の颪に／引きずられ」るからだ。そうして歩いて行った先のソカロで、夜間待機中のトラムが目の前に立ちはだかる。

電気の消えた黄色いトラム
　　巨大なる芋虫たち
　　SとZの連なり

狂奔する自動車、悪辣な目の昆虫
観念は
手に届く果実
果実は天体
それらは燃える
火薬の木たる
青春の対話は燃える
激しやすい枠組みが焦げる

（「サン・イルデフォンソの夜想曲」）

隠喩に満ちたパスの詩は一見して難解だが、トラムを芋虫にたとえるところにそこはかとない面白みを感じることはできる。読書し、観念に浸っていた高校生の目には、電線とパンタグラフと車両の屋根とが作り出す形象はSやZの文字に見えたのだろう。観念に浸っていた若者の前に突如現れた一台の自動車も、同じく「虫」にたとえられてはいるのだが、その虫の目はあくまでも「悪辣」だ。こうした対比がトラムに対するパスの愛情を伝えているし、それを読む私たちにも愛着の念が浮かぶ。

ところで、「サン・イルデフォンソ」というのは植民地期の同名の学院だが、当時はその建物をそのまま受け継いで国立大学予科としていた。これは大学予科の別名なのだ。今はサン・イルデフォンソの名称はそのままに観光客にも開放され、植民地期からの回廊造りの屋敷と革命後の壁画運動（第二章参照）による壁画の数々を堪能できる場所になっている。

壁画運動における最初の壁画が制作されたのは、この学校サン・イルデフォンソだった。そして壁画制作中のディエゴ・リベラの知己を得たのが、当時この学校に通っていたフリーダ・カーロだ。フリーダはまた、ここに通う途中、乗ったバスがトラムと衝突し、重傷を負ったのだった。

❖トラムに乗って2　グティエレス＝ナヘラ

おそらくはパスと異なる路線のトラムに乗った人物がいる。「午後の空が暗くなり、まるでコウモリの羽を丸くしたような傘が開いたら、暇人は最初にやって来たトラムに乗って街をうろつくといい」と書いたその人物は、十九世紀末、モデルニスモと呼ばれた文学潮流を代表する作家マヌエル・グティエレス＝ナヘラだ。* その名も「トラムの小説」（一八八二、未邦訳）という短篇でのことだ。語り手「私」が、雨季のメキシコ市内で雨宿りに「ミニチュア版ノアの箱舟」に乗り込み、乗り合わせた乗客を観察して過ごすという内容だ。

この「私」は、トラムが「私を知らない世界へ、未開拓の地域へと連れて行ってくれる」から好んでいるらしい。「いやいや、メキシコ市は大統領官邸に始まるわけでもないしレフォルマ通りで終わるわけでもないのだ。誓ってあなた方に言うが、この都市はもっとはるかに広いのだ」と。ただし、「知らない世界」は美しい世界とは限らない。都市を「東西南北に関節の外れた手足を伸ばす亀」にたとえる「私」は、「その手足は汚くて毛むくじゃらだ」とも述べている。

「知らない世界」を知る楽しみのためにもトラムに乗るべしと主張するこの「私」は、実は車内にも「知らない世界」が、場合によっては「汚くて毛むくじゃら」な世界が侵入してくることに気づいている。だからこそ「私」は隣に座ったあまり身なりのよろしくない乗客のことを、「どんな人なのだろう?」と空想してみるのだ。擦り切れたフロックコートを着たこの人には娘がいるに違いない、などと妄想を逞しくする「私」は、「彼女が若ければ私の好みに育てあげようじゃないか」とピグマリオン幻想に身を委ねる始末だ。「ピアノの先生をつけ」「朝にはチャプルテペック公園を散歩する」「サン・コスメあたりに家を持つ」などという夢は典型的な十九世紀末的ブルジョワ生活のそれだ。

＊マヌエル・グティエレス＝ナヘラ(一八五九—九五) メキシコの作家。

ちなみに、成立年代から考えるに、この「私」の乗ったトラムはラバや馬が牽引していた時代のそれに違いない。

❖トラムに乗って3　ブニュエルの幽霊市電

私たちは先に、同じひとつの名前で動力の異なるものへと変態を遂げるトラムをモダンのひとつの典型的な形象とみなした。こうした見方を推し進めるならば、このモダンの形象は三段階の変化を経験する。トラムの出現そのものがあり、それが電化する第二段階までは先述のとおりだ。それぞれ十九世紀末葉と二十世紀初頭の変化だ。二十世紀も半ばになると、さらにトラムは変容する。いや、変容ではなく、多くの場合消滅するのだ。メキシコ市の場合、今度こそ違う名を持ったものへと姿を変えた。トロリーバスだ。パンタグラフに電気を送る電線をそのまま利用し、レールを埋め、車輪つきの車両が走ることになるのだ。

トラムがトロリーバスに取って代わられ、なくなっていこうとする時代のメキシコ市を描いて印象的なのが、ここでもルイス・ブニュエルだ。グティエレス＝ナヘラはトラムで隣り合った乗客の生活に幻想《イルシオン》を見たが、ブニュエルは幻影《イルシオン》をトラムに乗せた。一九五三年の映画『幻影は市電に乗って旅をする』は、まさに消えゆくトラムの幻想・幻影にしがみつく男たちの話だ。トロリーバスに取り代えるために廃車にすると言われた車両に愛着を抱く整備士と運転士が、酔いに任せて問題の車両一三三号を車庫から出し、深夜から翌日にかけて市内を走り回る話だ。カイレレス（カルロス・ナバーロ）とタラハス（フェルナンド・ソト）の凸凹コンビが操縦して走るトラムのルートが興味深い。「東西南北に関節の外れた手足を伸ばす亀」のごときメキシコ市を縦横に、端から端まで旅して回るトラムの姿が垣間見られる。

車庫を出た一三三号はまず、二人がそうした暴挙を思いついたベシンダーの近くに行き、そこでのクリスマス・パーティを終えて帰る人々を乗せ、屠畜場まで行く。現在の地下鉄北運河駅の近辺だ。そこで屠畜場の労働者たちを乗せるはめになり（切ったばかりの肉を包みもせずに抱えているところはいかにもブニュエルらしく、労働者たちは「バスより暖かい」と言って乗り込んでくる）、中心街近くのゲレーロに行き先を変える。その近辺で彼らと肉を降ろすと、また客が乗り込んで来たら困るというので、行き先表示を「特別運行」に替え（表示板のロールには、オクタビオ・パスが乗っていたはずの停留所ミスコアックの名も見える）、あてどない旅を始める。ところが、表示を切り替えたのが運の尽き、勘違いから遠足に行く養護施設の子供たちを乗せ、ソチミルコに向かうことになった。

ソチミルコは今ではメキシコ市の行政区のひとつともなっているが、通常、この名で呼ばれるのは、そこにあるかつての湖を利用した運河網と、その中に浮かぶ島に造られたチナンパという農地などのことだ。運河を小舟で渡る旅が有名で、子供たちの遠足にはうってつけだ。観光客も数多く訪れる。この湖沼地帯に生息するメキシコオオサンショウウオは、ウーパールーパーの名で日本でももてはやされた。ここへ行くトラムは一時期、二両連結のひとつを屋根なしのオープンカーにして乗客の行楽気分を盛り上げていたようだ。今では地下鉄タスケーニャ駅とソチミルコを結ぶ路線が市内に残る唯一のトラムの路線だ。

ただし、ブニュエルの一三三号車両は、結局ソチミルコまで行くことはない。途中、故障したふりをして子供たちを降ろし、映画の撮影の見物に夢中になっている彼らを置き去りにして引き返してしまうのだ。映画の撮影が行われていたその場所は、チュルブスコ。コヨアカンの外れにある映画撮影所（第六章参照）のあたりだ。

引き返したトラムの行き先は、ニーニョ・ペルディードに変更になった。中心街にある通りの名だ。しかし、またしても客を乗せることになり、その中のひとり、交通局の元職員ピニーリョス（アグスティン・イスンサ）に怪しまれたため、どうにか彼の目を盗んで逃げ、廃線になった線路に身を隠すことにした。文字どおり迷子《ニーニョ・ペルディード》を決め込むことにしたのだ。

映画後半の面白さはピニーリョスとカイレレス＝タラハス組の騙し合いにあるのだけれども、それはトラムの路線の話とは無関係。ともあれ無事、当局に発覚することなく二人は一三三号での一日限りの逃避行を終え、車両を車庫に収めるのだった。『幻影は市電に乗って旅をする』という邦題ではあるが、トラムの車両そのものが一種の幽霊となって、市内を徘徊する物語と見た方がよさそうだ。「市電が幽霊になって旅をする」のだ。

そして、トラムは今はもう、市内のほとんどで普通の人の目には見えなくなった。幽霊になってしまったのだ。だが、幽霊は見える人には見える。今も市内のどこかで、埋められたはずのトラムのレールが数メートルだけむき出しになっているのが見出せるはずだ。

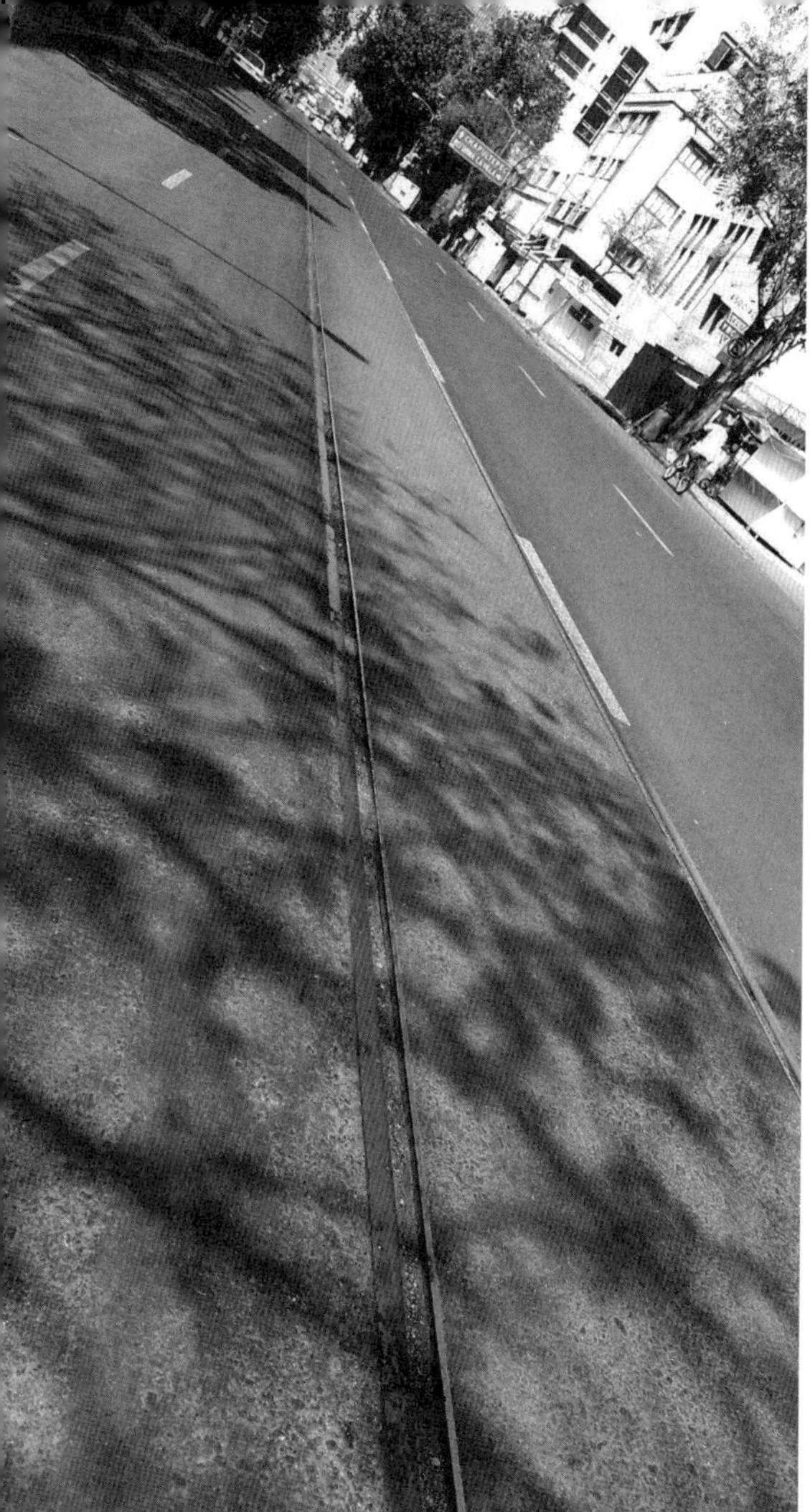

▲今もむき出しになったトラムのレール。中心街界隈
(2017年3月撮影)

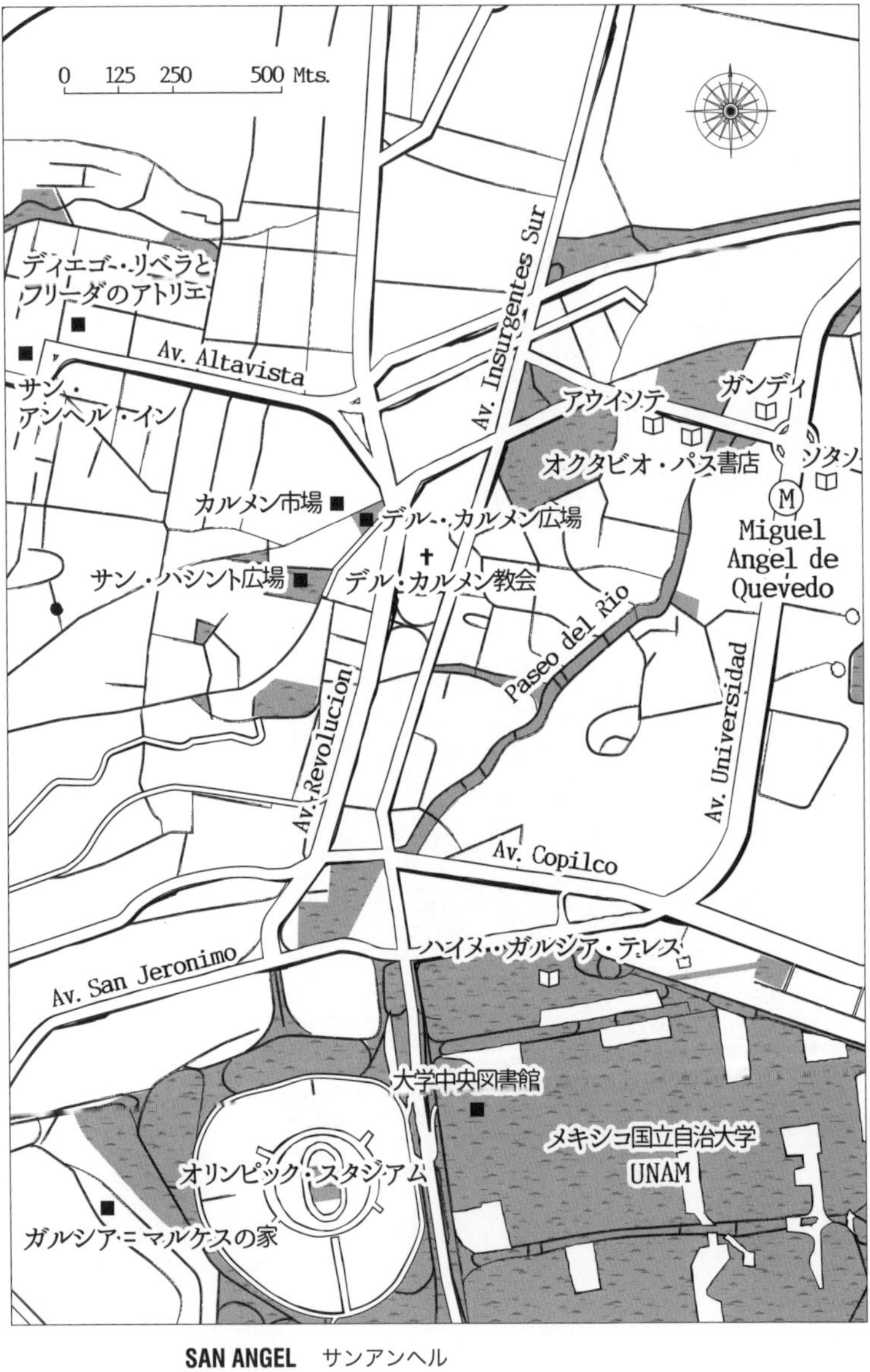

SAN ANGEL　サンアンヘル

Centro
8
セントロ
冥府の詩が聞こえる

僕はDFの詩人になろう。
——ロベルト・ボラーニョ、創作ノートの欄外

✣闇から光へ

ルイス・ブニュエルが走らせた幽霊トラムが屠畜場から乗せた労働者と新鮮な肉を降ろしたあたり、ゲレーロの停留所の近くから、同じころの同じ時間帯に近くの通りに出てきた人物がいる。まったく同じ日の出来事かどうかは不明なので、彼女が幽霊トラムと擦れ違ったと断定することは不可能だが、何しろいずれもフィクションでの出来事、ここは擦れ違ったと考えた方が私たちの見る幻影も楽しくなるというものだ。その人物とはグラディス・ガルシーアという。カルロス・フエンテス『澄みわたる大地』(一九五八)の冒頭のシーンのことだ。

フエンテスの最初の長篇『澄みわたる大地』は、メキシコ市に暮らす多様な階級、多様な職業の人々やその家族の過去と現在(一九五〇年代初頭)を、社会階層と時間を跨いで常に存在する傍観者イスカ・シエンフエゴスが眺め渡すという形式の群像劇だ。末尾で実際に都市と一体化することになるシエンフエゴスが、自らをメキシコの時空間と同定するような独白から小説は始まる。その独白が終わって最初に焦点が当てられたのが、夜の仕事をするこの女グラディス・ガルシーアだった。「昼の世界を知らない」グラディスが、仕事を終えて帰路につくところだ。夜の闇の世界から陽の射す光の世界に出るのだ。

「やあ！」

掃除人が尻をぎゅっと押したので、グラディスは朝の凍った空気をいっぱいに吸い込んだ。キャバレーの灰色の鏡と吸い殻に埋もれたグラスに最後の一瞥を投げた。ボンゴの上でハチドリが欠伸していた。黄色い電灯が消え、棕櫚の木の柱形が元どおりの樹皮を剥かれた濁った色になっていた。どこからか猫が姿を現し通りの水たまりの間を走っていった。瞳孔は夜が終わり針のようだ。グラディスは靴を脱いでひと息つき、最後の一本に火を点けた（分厚い唇、金歯混じりの歯ならび）。十五分ごとにタバコを吸わないではいられない。ゲレーロ通りはもう水浸しではなかったので、靴を履くことができた。自転車が影もささずにキーキー言いながら走り始めているのは、ブカレリ通りでのことだ。トラムももう何台か動き始めている。この通りはゴミを産み出す豊穣の角の様相を呈していた。丸められ打ち捨てられた新聞、中国人たちのカフェから出る残飯、死んだ犬、ゴミ箱に首を突っ込んであさる老女、新聞紙とポスターのねぐらで寝返りを打ちながら眠る少年たち。葬列の蠟燭のいちばん柔らかな光。カルロスⅣ世騎馬像《カバジート》から発してコロニア・ドクトーレスに向からアスファルトの棺桶は、差し出された手のようにわびしい。復活の日にでもならない限り、この首輪に血脈が戻ることはなさそうだ。

（『澄みわたる大地』拙訳を使用）

フエンテスの小説を難しくしている要素のひとつは多用される隠喩に違いなく、その意味で彼の小説は詩に似ているのだが、ここでのグラディスの行動の軌跡を辿ることは難しくない。キャバレーを出た彼女はゲレーロ通りを歩き、ブカレリ通りに入っているのだ。建物を出てすぐにいったん靴を脱いでいるのは前の晩の雨が残した水たまりの中を進むためであり、既に水が捌けた大通りゲレーロ通りでは、また履き直して南西へ向かっている。つまり、今は雨季なのだ。クリスマスの晩に走ったブニュエルの幽霊トラムとは、やはりグラディスは擦れ違ってはいないのかもしれない。そもそもゲレーロ通りをブカレリ通りに向けて歩くと、トラムの停留所からは離れる一方だろう。だが少なくとも歩いて行ったその先のブカレリ通りで、彼女は「トラムももう何台か動き始めている」のを目撃している。サン・アンヘルやミスコアック方面から来たトラムがソカロへ向けて右折していたはずのその車両を目撃しているのだ。引用部の少し先で「六時十五分にブカレリ通りを歩くなんざ、退屈ね」と呟いているから、中学か国立大学予科に向かうオクタビオ・パス少年にとっては早すぎる時間で、そのトラムには乗っていないかもしれない。そもそも五〇年代ならば、彼はもう外交官として日本かインドに滞在していたかもしれないのだ。

さて、時間が一致することはないにしても、このようにブニュエルの映画やパス少年の行動との接点を幻視することが可能なグラディスの行動の軌跡は辿れたとして、その行動の描写には、しかし、いささかの説明を加える必要があるだろう。「カルロスⅣ世騎馬像から発してコロニア・ドクトーレスに向かうアスファルトの棺桶」という隠喩についてだ。カルロスⅣ世騎馬像、通称カバジートというのは、現在ではもっと東側、アラメダ公園の先、国立美術館前にある像なのだが、十九世紀から一九七〇年代までは、一本の通りであるゲレーロとブカレリがその名を変えるあたりのトラフィック・サークル（環状交差点）中央に鎮座していたランドマークだ。その像のなくなったこのトラフィック・サークルは、今でもカバジートの名で親しまれている。つまり、「カルロスⅣ世騎馬像から発してコロニア・ドクトーレスに向かうアスファルトの棺桶」とはブカレリ通りそのものの隠喩にほかならない。

しかし、このカバジートをあたかも単なる一通過点のように書いてしまっては、観光ガイド的な都市案内の観点からは欠落の誹りを免れないだろう。ゲレーロからブカレリと通りの名が変わるその地点というのはレフォルマ遊歩道との交差点のことで、つまりカバジートは独立記念塔（天使像）やコロンブスの像、クワウテモクの像など、この市内最大の目抜き通りの大きな交差点にあるトラフィック・サークルに立つ重要なモニュメントと同列に並ぶものだったのだから。観光客ではなく、いつもの帰宅路を歩いているのにすぎないグラディスにとっては、レフォルマ遊歩道は意識するまでもない通過点なのかもしれないが、この都市を旅する私たちとしては、この通りのことも少しばかり見てみようではないか。

❖レフォルマ遊歩道

レフォルマ遊歩道は、「レフォルマ大通り」と紹介されることの多い大通りだが、原語のPaseo de la Reformaに言うPaseoは「散歩」「遊歩道」の意味だし、側面に広々とした歩行者のためのスペースと緑地帯を据えるこの大通りを散歩する快適さを伝えたい私としては、あくまでも「遊歩道」と呼びたい。「レフォルマ」とは十九世紀後半の社会改革のことで、これを記念してこの名がついている。もともとナポレオン三世*のフランスによるメキシコ侵攻をきっかけに誕生したハプスブルク家の皇帝マクシミリアーノ（在位一八六四―六七）の時代に整備された道路で、当初は「皇帝通り」または「皇后通り」と呼ばれたが、皇帝を倒した後の自由主義政権が行った政治改革を記念すべくこの名に変えられたのだ。

この通りが最も目覚ましく開発・整備されたのはポルフィリオ・ディアスの政権期（実質一八七六―一九一一）だった。もともとパリのシャンゼリゼにヒントを得て整備が始まった道路だけあって、整備されたレフォルマはパリの目抜き通りと比較され語られるようになった。整備されたレフォルマ遊歩道はチャプルテペック公園から始まると見ていい。この公園の中には小高い丘があり、頂上には城が建っている。今では一般公開されている観光地だが、ここは植民地時代には副王＊＊の、そしてマクシミリアーノ期には皇帝の、彼が倒された後には大統領の居城だった。この城のテラスから東北東に延びる遊歩道の眺めは壮観で、なるほど、凱旋門の展望台からのシャンゼリゼの眺めを想起させる。

　シャンゼリゼがフランス第二帝政期の名高い都市改革の最も重要なポイントのひとつだったことは、よく知られているとおりだ。ナポレオン三世に任命されてセーヌ県知事となったジョルジュ＝ウジェーヌ・オースマンの功績だ。建物のファサードと高さを揃え、凱旋門からまっすぐに伸びるシャンゼリゼ通りに統一を与えた。ほかにも放射状に道路を張り巡らせたデザインは、他の都市でも多く参考にされた。他の都市とは、たとえばブエノスアイレスであり、メヒコである。

＊ナポレオン三世（一八〇八―七三）　一八五二年フランス皇帝となり第二帝政を敷く。メキシコに進軍し首都を制圧、翌年、オーストリア大公のマクシミリアーノを皇帝に据えた。メキシコ干渉と称される。ナポレオン三世はまたパリの都市化を推進し、メキシコ市をはじめ多くの都市のモデルを打ち立てた。

＊＊副王　スペインは植民地をヌエバ・エスパーニャ、ペルー、ヌエバ・グラナダ、ラ・プラタなどの副王領に分割して統治していた。現在のメキシコはヌエバ・エスパーニャ副王領だった。

▲チャプルテペック城のテラスからレフォルマ遊歩道を望む(2009年3月撮影)

パリの街のこうした都市デザインは、この街についての未完の論考を残した作家ヴァルター・ベンヤミン*によれば、「長く一直線に伸びる道路による遠近法的な展望」、言い換えれば「延々とつながってゆく道路が、広い展望《パースペクティヴ》の開かれるところに突き当たること」を理想とするものだ。「真の目的は、内乱が起こった場合に備えておくこと」(『パサージュ論』)だからだ。反乱者が逃げ隠れすることのできないよう、ある地点から一望のもとに監視できるように都市を造り変えたのだ。そんな一望監視システムのような都市造りによって、パリから陰が消えたのだという。一望監視システムといっても、もちろん、肉眼で反乱者のひとりひとりの様子をつぶさに見て取ることができるわけではないが、それにしてもチャプルテペック城のテラスからのレフォルマ遊歩道の眺望は、こうしたベンヤミンの指摘を思い出させるものである。いちばん手前に公園入り口を飾る英雄幼年兵(ナポレオン三世の侵攻に抗した英雄少年たち)記念塔、その向こうに先にほのめかした独立記念塔の天使像やコロンブスの像などが一直線に並んでいるさまを眺めれば、同じ眺めを毎日見ていたのであろうかつての大統領たちがどれだけ誇らしい気持になったかが想像できる。

そんな監視の下にさらされるレフォルマ遊歩道であれば、そこは夜の世界に住むグラディス・ガルシーアにはまぶしすぎる地点であったに違いない。旅行者にとって快適なこの通りの名を挙げもしないのは、まぶしすぎて居心地が悪いのだろう。そそくさと「ゴミを産み出す豊穣の角の様相を呈」するブカレリ通りへと渡っていったのは、そうした決して美しくない場所にこそ居心地の良さを感じるからなのだろう。「中国人たちのカフェから出る残飯、死んだ犬、ゴミ箱に首を突っ込んであさる老女、新聞紙とポスターのねぐらで寝返りを打ちながら眠る少年たち」にシンパシーを感じるのだ。

でも、ところで、ブカレリ通りというのはそんなに薄汚れた空間なのだろうか?

＊ヴァルター・ベンヤミン（一八九二―一九四〇）ドイツの作家。パリに亡命して活動した。『ドイツ悲劇の根源』（一九二八）など。

R. Flores Magon
三文化広場
トラテロルコ遺跡
サンティアゴ公園
クイトラクック記念像
Guerrero
Garibardi
レフォルマ遊歩道
ラグニージャ市場
シモン・ボリバール記念像
サン・フアン・デ・ディオス教会
サンタ・ベラクルス教会
dalgo
イダルゴ劇場
Bellas Artes
アラメダ公園
芸術宮
大聖堂
中央神殿
ディエゴ・リベラ
壁画館
Zocalo
ラテンアメリカタワー
ソカロ
ares
国立宮殿
セントロ
Centro
サン・フアン市場
Salto del Agua
Pino Suares
Isabel la Catolica
0 80 200 400 Mts.

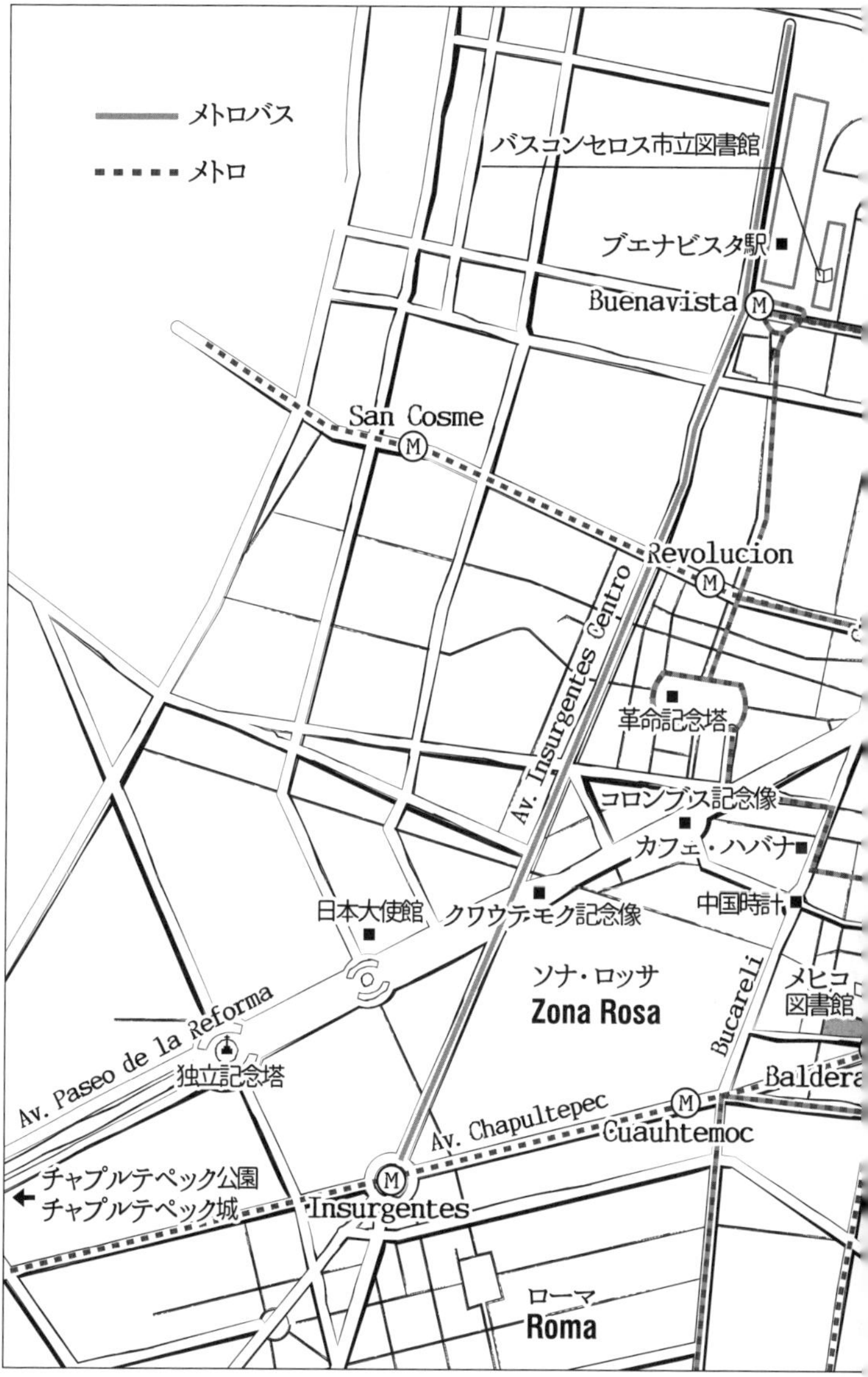
メトロバス
メトロ
バスコンセロス市立図書館
ブエナビスタ駅
Buenavista
San Cosme
Revolucion
Av. Insurgentes Centro
革命記念塔
コロンブス記念像
カフェ・ハバナ
中国時計
クワウテモク記念像
日本大使館
ソナ・ロッサ
Zona Rosa
Bucareli
メヒコ
図書館
Av. Paseo de la Reforma
独立記念塔
Av. Chapultepec
Cuauhtemoc
チャプルテペック公園
チャプルテペック城
Insurgentes
ローマ
Roma

CENTRO　セントロ

❖ブカレリ通り

グラディス・ガルシーアが夜の仕事を終えて、光の世界たるレフォルマ遊歩道をそそくさと突っ切り、家路を急いだブカレリ通りを、二十年ばかり後にとりわけ愛着を込めて徘徊したのがロベルト・ボラーニョ『野生の探偵たち』の登場人物たちだ。これが若い詩人たちを主人公とした小説であることは先に説明したとおりだ。「はらわたリアリズム」を標榜する若い詩人たちのたまり場となっている酒場〈ベラクルス交差点〉や〈カフェ・キト〉がこの通りにあるのだ。とりわけ後者では、第一部の語り手フアン・ガルシア＝マデーロがカフェオレ一杯で何時間も席に座り、読書し、詩を書いている。暇なときにはこの店に行けば「はらわたリアリズム」のメンバーに会えるかもしれないし、時には愛するマリア・フォントとの待ち合わせに使ったりもしている。

この〈カフェ・キト〉のモデルとなったのがカフェ・ラ・アバーナだ。キューバの首都の名（ラ・アバーナ、すなわちハバナ）をエクアドルの首都の名に替えて小説に組み入れたのだ。作家の実在の親友マリオ・サンティアーゴの名をウリセス・リマに替えた（つまり、チリの首都の名をペルーの首都の名に替えた）のと同様の操作をしているというわけだ。カフェ・ラ・アバーナは一九五二年創業だから、グラディス・ガルシーアはあるいはその存在を知らなかったかもしれない。少なくともまだ今ほどの人気を博すにいたってはいない、新しい店だったはずだ。しかし

▲カフェ・ラ・アバーナ（上）と入り口のプレート（下）（2016年2月撮影）

このカフェは後年、その名に惹かれて郷愁を感じたのだろうか、最初の革命の試みに失敗してメキシコに亡命中だったフィデル・カストロが、そして彼に合流することになったエルネスト・"チェ"・ゲバラが通ったことで知られるようになる。今では、入り口右手にあるプレートに、この店の常連だった著名人として、キューバ革命の闘士二人組やオクタビオ・パス、ガルシア＝マルケスらとともにロベルト・ボラーニョの名も誇らしげに刻まれている。カフェ・ラ・アバーナのすぐ近くのトラフィック・サークルにあるのが、独立百年を記念して清朝最後の皇帝溥儀により寄贈された〈中国時計〉のモニュメントだ。これもボラーニョによく言及されるランドマークだ。

何時だったかは分からないけどももう遅い時間で、外の冷たい風が顔に吹きつけ、僕は歩きながら、インスピレーションとは言わないまでも（インスピレーションなんて存在するのか？）、気力と執筆意欲を取り戻していった。〈中国時計〉通りを曲がり、執筆を続けるためのカフェを探してシウダデーラ通りのほうを目指した。モレーロス公園を横切ると、人《ひと》気《け》がなく不気味なその片隅にもこっそりと生命が息づいていて、複数の人の体が見え、この孤独な散歩者（とそのときの僕には思われた）をからかって笑う声（くすくす笑い）が聞こえた。〈英雄幼年兵〉通りを渡り、パチェーコ公園（ホセ・エミリオのお祖父さんを記念して作られた公園で、誰もいなかったが、今度は人影も笑い声もなかった）を横切り、そしてレビジャヒヘド通りをアラメダ公園のほうに曲がりかけたところで角の一つからキン・フォントが現れた、（略）

（『野生の探偵たち』）

「〈中国時計〉通り」と書いてあるのはブカレリ通りのことではなく、ブカレリと交わる通りのことだ。交わる交差点の右と左で名前が変わるけれども、シウダデーラ通りを目指したのなら、ガルシア＝マデーロは東側のエミリオ・ドンデ通りを歩いたはずだ。引用の最後で現れたキン・フォントは、憧れのマリア・フォントの父親で、物語内で独特の存在感を発揮しているし、ここでもこれが楽しいエピソードの始まりとなるのだが、今、私たちは小説の細部に深入りすることは控えよう。ガルシア＝マデーロや彼の友人たちがこんな風にこの界隈をうろついていたことだけを確認したい。キン・フォントに行く手を阻まれたガルシア＝マデーロが「アラメダ公園のほう」に向かっていたというのなら、彼になり代わってそこに行ってみようではないか。

❖アラメダ公園に失われる視線

フエンテスの『澄みわたる大地』の群像劇の中で最も中心的に扱われている人物のひとりが銀行家フェデリコ・ロブレスで、彼のオフィスからはアラメダ公園とその横にある芸術宮《パラシオ・デ・ベジャス・アルテス》が見下ろせる。芸術宮といっても宮殿ではなく、美術館と劇場を兼ねるアール・ヌーヴォー調の文化施設だ。私が初めてこの小説を読んだフォンド・デ・クルトゥーラ・エコノミカ社のポケット版表紙には公園の斜め前にそびえる超高層ビル、ラテンアメリカ・タワーの写真が使われていたので、フェデリコのオフィスはこのビルの中に入っているのだろうと勘違いしたものだ。オフィスの窓が「ウィンドウ」と表現されていることも、この勘違いの一因に違いない。ラテンアメリカ・タワーはガラス張りの高層ビルだ。今ではアカデミー賞監督となったアルフォンソ・クワロン*（「キュアロン」の表記で知られているが）のデビュー長篇『最も危険な愛し方』（一九九一、日本では『ヒステリーの時代の愛』のタイトルで映画祭上映のみ）で主人公が自殺を図ってドタバタを繰り返す舞台となったこのビルは、しかし、一九五六年着工、七二年竣工なので、『澄みわたる大地』の世界の住人たちはまだ知らない。

ラテンアメリカ・タワーでなくとも、アラメダ公園の周辺にはガラスの大窓が印象的な近代的なビルが建ち並んでいる。歴史的な建造物が並ぶ北辺のイダルゴ通り沿いではなく、南の縁のフワレス通り沿いのことだ。芸術宮も見えるというのだから、公園の東側に位置するに違いないそのオフィスから、フェデリコはこの公園を見下ろす。ただし、その大窓に彼は自分の幼時の風景、モレリア州の小作農の息子であった時代の幻影を見るのだった。

「話せと言われても、昔の私は今とはだいぶ違っていたのだよ、シエンフエゴス」と仕事場のウィンドウの前に佇み、フェデリコ・ロブレスは言った。自分の手を見つめ、それから視線を上げると、ガラス窓の軽く冷たい空気を背景に別の像を描いてみようとした。

「もう憶えちゃいない田舎の景色だ

穏やかな小川、そのほとりの掘っ立て小屋、川伝いの幅の狭い森、ちょっとしたトウモロコシ畑、(略)

(『澄みわたる大地』拙訳を使用、強調は原文のイタリック)

ガラスという光学装置を使って過去の記憶を幻影として呼び出す手法は、小説としては面白いが、今、せっかくの景色を誇っているというのに、アラメダ公園の絶景はフェデリコには見えていない。代わりに窓の外を見ているのは、話し相手のイスカ・シエンフエゴスだ。けれど

＊アルフォンソ・クワロン(一九六一―) メキシコの映画監督。『ゼロ・グラビティ』(二〇一三)でアカデミー監督賞など。

も、彼の感覚も覚束ない。「アラメダ公園の青白い輪郭をぼんやりと眺めながら、イスカ・シエンフエゴスは呟いた」からだ。続いて「シエンフエゴスは芸術宮の紫がかったピンクの丸屋根に視線を据えたがすぐに目を閉じ、ロブレスに話を続けるように促した」(傍点は引用者による)と、せっかく見た景色をすぐに遮断してしまう。「ぼんやりと眺め」と訳した句は、直訳するならば「失われた視線」を送ったという意味だが、どうもガラス越しに見ていたのでは、アラメダ公園はよく見えないらしい。外に出てじかに眺めてみよう。

十六世紀末葉に起源を持つアラメダ公園はメキシコで、そしてアメリカ大陸で最古の公園と言われている。現在の公園は二〇一二年に植樹、噴水の修復などを施してだいぶ新しい姿になっている。春にはハカランダの紫色の花が美しく、休日は物売りのテントと散策の人出で賑わっている。だが、何と言ってもこの公園を永遠のものにしているのは、ディエゴ・リベラの壁画『アラメダ公園の日曜午後の夢』(一九四七)だろう。現在のヒルトン・ホテルの位置にかつて建っていたプラードという名のホテルのロビーを飾ったものだが、このホテルが一九八五年の大地震(第五章参照)で倒壊したため、壁画はすぐ近くの別のホテルに移設された。今ではそこはディエゴ・リベラ壁画美術館の名で公開されている。美術館は公園の西側にある。

公園の東側には、既に見たように、芸術宮がある。一九三四年竣工、イタリア人建築家アダモ・ボアリの手になる作だ。この建物の内部も壁画に彩られている。劇場ではマリア・カラスやルチアーノ・パヴァロッティが歌ったこともあるらしい。そしてここは、私たちラテンアメリカ文学を愛する者にとっては忘れることのできない出来事が起こった場所でもある。マリオ・バルガス＝リョサ*がガブリエル・ガルシア＝マルケスを殴り、それまで親友とされていた二人が決定的に決別したのがこの場所だったのだ。一九七六年二月十二日のことだった。

一九六〇年代にはラテンアメリカ文学の〈ブーム〉と称されるものがあった。主にスペイン語圏のラテンアメリカの作家たちが世界的に認知され、他の地域の作家たちにも影響を与え、世界文学のスタンダードとして定着したのだ。〈ブーム〉の前半をリードしたのが若きバルガス＝リョサで、〈ブーム〉とは彼がスターダムをのし上がっていく過程だったと言ってもいい。後半の話題をさらったのが、ガルシア＝マルケス『百年の孤独』の大ヒットだった。かくして〈ブーム〉を代表する二大巨頭となった二人は互いを認め合い、親しく交わり、バルガス＝リョサにいたっては『ガブリエル・ガルシア＝マルケス——神殺しの歴史』（一九七一、未邦訳）という作家論も書いている。ところが、キューバ革命政府が国内の作家たちに対して加えた言論弾圧（一九七一年、「パディーリャ事件」の名で知られた出来事を発端とする）をめぐって二人の立場は異なるものとなり、それも遠因のひとつになったのかもしれない。実際のところは、ガルシ

＊マリオ・バルガス＝リョサ（一九三六—）　ペルーのノーベル賞作家。現在はスペインの市民権も持つ。『緑の家』（一九六六）など。

▲アラメダ公園から芸術宮とラテンアメリカ・タワーを望む（2016年2月撮影）

ア＝マルケスが言った冗談に妻を侮辱されたと思ったらしいバルガス＝リョサが腹を立てたからだとも言われている。七六年のその日、芸術宮のロビーで出会った際に、握手をしようと近づいてきたガルシア＝マルケスに対し、バルガス＝リョサの右フックが炸裂、前者の左目のあたりにクリーン・ヒットして絵に描いたような痣を残した。

私はガルシア＝マルケスがノーベル賞を受賞した（一九八二年）後から彼らの作品に親しみ始めた身であり、二人の友情と決裂の物語はあたかも神話のように聞いていた。そんな遅れてきた世代である私が、ガルシア＝マルケスの「絵に描いたような痣」を確認したのは、皮肉なことに、ガルシア＝マルケスの死をきっかけにメキシコの新聞『エル・ウニベルサル』ウェブ版が掲載した二〇一四年六月十五日付の記事の写真によってであった。

自分よりもよほど大柄なバルガス＝リョサにこれだけ見事に殴られたとあっては、ガルシア＝マルケスはひとたまりもなかっただろうことが推察されるみごとな痣だった。

✣アラメダ公園の迷子たち　B

私より十歳年上で、七六年当時はまだメキシコにいて、この界隈をうろついていたに違いないのだから、この歴史的殴打事件を目撃していたとしてもおかしくないのが、またしてもロベルト・ボラーニョだ。ましてやメキシコ時代の彼は、既に権威となっていた詩人や作家たちを罵倒することに心血を注いだと言いたくなるほど破壊的な活動で知られた若い詩人たちのグループを率いていたのだから、この種のスペクタクルにはたいそう興奮したのではなかろうか。そういえば彼は「人には詩を読むべきときと、拳を振り回すべきときがある」と書いていたのではなかったか？――残念ながら、実際にはこの事件を目撃した形跡はないようだけれども。

その代わりに（？）、若きロベルト・ボラーニョは当時、芸術宮の隣、アラメダ公園の東辺の今は空き地となっている部分に建っていた広大な書店クリスタルで立ち読みし、時には万引きさえもしていたようだ。一九七三年には閉鎖された書店なので、『野生の探偵たち』には出てこないのだが、短篇集『通話』所収の「芋虫」では、冒頭からボラーニョの分身たる「僕」（B）が「毎朝、クリスタル書店に入って本を立ち読みしている」ことが告げられる。あるいは、とあるエッセイでは、自身のこととして次のように思い出を語ってもいる。

私が何よりも憶えているのは、十六歳から十七歳のころにかけてメキシコDFで万引きした本と、二十歳のとき、クーデタが起きてすぐのころのチリで買った本だ。メキシコには並外れて素晴らしい書店があった。クリスタル書店という名で、アラメダ公園にあった。その壁は、天井までガラスでできていた。ガラスと鉄骨の梁だ。外から検分していると、そこで万引きをすることは不可能に思われた。それでも、ためしにやってみたいという誘惑が思慮分別に勝り、しばらく後に私は、やってみたのだ。最初に私の手に落ちた本はピエール・ルイスの小さな一巻だった。聖書のような薄い紙でできたやつだ。それが『アフロディーテ』だったか『ビリティスの歌』だったかは、今となっては憶えていない。ともかくわかっていることは、私は十六歳で、その後しばらく、ルイスは私の先生になったということだ。それから万引きしたのはマックス・ビアボウム（『幸福な偽善者』）にシャンフルーリ、サミュエル・ピープス、ゴンクール兄弟、アルフォンス・ドーデ、メキシコ人のルルフォとアレオラ。この二人は当時、彼らなりにまだ活動していた。ということは、いつか午前中に、けばけばしいニーニョ・ペルディード通りで彼らに出会う、などということがあってもよかったわけだ。ニーニョ・ペルディード通りというのは、今、私の手許に

▲アラメダ公園内部（2016年2月撮影）

あるDFの地図が、私からかすめ取ってしまった通りだ。まるでニーニョ・ペルディードというのは私の想像の中だけに存在したみたいだ。あるいは、地下商店やら見世物やらの並ぶその通りが、文字どおり消え《ペルディード》てしまったみたいだ。十六歳の私自身が迷い込ん《ペルディード》だその通りが。その通りの霧について、そっとやってくるその襲撃について、私が思い出すのは数多くの詩の本なのだ。

（『カッコに入れて』）

「ガラスと鉄骨の梁」というから、水晶宮[*]をイメージすれば間違いはあるまい。そんなガラス張

*水晶宮　クリスタル・パレス。一八五一年、ロンドンでの第一回万国博覧会の展示館。鉄骨でガラス張りの建築はその後の多くの建造物に影響を与えた。

りのクリスタル書店では「万引きをすることは不可能に思われた」のだが、不可能と思えばこそチャレンジャー精神に火がついたのだろう。ボラーニョ青年はあえてそこで本をくすねていたのだという。

それにしても、ラテンアメリカ・タワーといいフェデリコ・ロブレスのオフィスといい、あるいはまたこのクリスタル書店といい、人はアラメダ公園周辺には大きなガラスが印象的な建物を建てたがるようだ。美しい公園と周辺の歴史的建造物の数々を建物の中からも眺められるようにという配慮には違いなかろうが（メキシコ市の歴史的中心街《セントロ・イストリコ》の美しさについては、どれだけ強調してもしたりない。メキシコ市は美しいのだ）、それにしてもアラメダ公園に集う人々というのは、ガラスという光学装置に目を眩まされる人々のことではあるまいか（フェデリコ・ロブレスのように）。事実、少なくともボラーニョは、水晶宮のクリスタル書店で万引きした本を「何よりも憶えている」と言いながら、そのタイトルについては覚束ないではないか。さらには、この店で盗んだ本を読み耽るために移動した場所の通りの名すら、今では見失ったようではないか。そしてその通りの名は「迷子／失われた子」を意味するニーニョ・ペルディードであるという。

ニーニョ・ペルディード？

そう。それはブニュエルの幽霊トラムが、引退した交通局員ピニーリョスの追求を逃れるためについには行くことを断念したあの通りだ。トラムはここに行く前に、自主的に文字どおり迷子になったのだった（第七章参照）。ボラーニョは今、地図の上で迷子になり、「迷子」という名のこの通りに辿り着けないでいるようだ。『野生の探偵たち』の登場人物のひとりバーバラ・パターソンが住むアパートのあるあの通り、「ゆったりと、でなければパッと一気に拡散する、この腐った都市の夜明けときたら、不思議なもんだね」という感慨を彼女が抱いたあの通りに。実際、現在の地図上には見られないから、ボラーニョの言うようにこれは今では存在しない通りなのだろう。名前が変わったに違いない。私はいまだにこれが現在の何通りになるのか確信をもって突き止めることができていないのだが、ボラーニョの愛読者である私としては、ボラーニョをそこに迷わせたまま放置しておくのがいいのではないかと思うのだ。

✣アラメダ公園の迷子たち　K

大江健三郎*もまた、自分の分身たる主人公「僕」（K）をアラメダ公園周辺で迷子にしている。ただし、この場合の「迷子」はあくまでも抽象的なものであり、あえて言えばテクストの間に迷ったのであるが。

アルフォンソ・レイェスを初代学長として開学した大学院中心の高等教育機関コレヒオ・デ・

＊大江健三郎（一九三五―）　日本のノーベル賞作家。『万延元年のフットボール』（一九六七）など。

メヒコで、一九七六年の一時期講義をしていた大江健三郎は、そのときの体験をいくつかのフィクションに反映させている。一九八七年の『懐かしい年への手紙』もそのひとつだ。作家同様にコレヒオ・デ・メヒコで講義をする生活を送っていた「僕」は、息子ヒカリの体調悪化を機に彼と妻とを引き取るから君はメキシコの「夢の時《ドリーム・タイム》」に留まれ、そうすれば君の考えていた小説が書けるに違いない、と無体なことを言ってきた故郷・四国の森のメンター的存在「ギー兄さん」の言葉に反応し、予定を早く切り上げて帰国しようと決意した。すると何かと世話を焼いてくれていた大使館の駐在員オスカルが、「僕」の教え子たちを誘って「励ましのパーティー」を開いてくれたのだという。

励ましのパーティーが開かれた酒場は、コンクリート壁を漆喰で塗りかためた、その幾重もの層が手ごたえとして感じとられる、厚い箱の中のような場所で、青い木のテーブルと黄色の木椅子が人数分足りず、隣からベンチを借りて来て出入口に据えつけたりもした。そこはリヴェラの『アラメダ公園の白昼夢』という壁画のあるホテルの裏側の通り、マードレ・ドロローサにあって、通りと同じ名前がついていた。三日間まともな食事をとらなかった胃袋を保護するために、揚げた豚の脂肪入りのゴッタ煮のスープをたっぷり飲まされ、その後は仲間に伍してテキーラを、青いレモンと塩で飲みはじめると、ホテルとアラメダ公園を越えて向こうの寺院から、鐘の音が激しく響いた。なににつけ劇的な着想が好きで、パーティーのためにも僕の妻の苦しみを想って「悲嘆する母《マードレ・ドロローサ》」という酒場を選んだと愁い顔で告げたオスカルは、形の良い長い眉を大きく張って、――その鐘の音を聴け、と感情のこもった眼くばせをした。オスカルとよく話題にすることのあった、『活火山の下で《アンダー・ザ・ヴォルケイノ》』の、やはりダンテに根ざした一節をかれは僕に思い出させようとしたわけなのだ。日昏れになって耳を澄ませば、およそどこでも鐘の音を聴きつけられるメキシコ・シティーで、酒場を選ぶ時、イタリア系アルゼンチン人でダンテを原文で読んでもいたオスカルは、最初から鐘の音と「悲嘆する母《マードレ・ドロローサ》」とを結んで、僕に眼くばせするという趣向を考えていたのだろう。

(『懐かしい年への手紙』)

アラメダ公園の向こうから聞こえてきたというのだから、サンタ・ベラクルス教会かサン・フアン・デ・ディオス教会からの鐘の音だろうか、それをマードレ・ドロローサ(今のドローレスか?)という通りの酒場で聞き、マルカム・ラウリーがメキシコのプエブラを舞台に書いた小説『活火山の下で』(邦題『火山の下』『活火山の下』)を思い出した「僕」は、パーティーを終えてアパートに戻ると、ラウリーのその一節を読んでみる。別れた妻への手紙を書いている最

▲芸術宮のテラスからイダルゴ劇場とサンタ・ベラクルス教会を望む（2009年3月撮影）

中の主人公が、外から聞こえてきた鐘の音を、dolente, dolore（ドレンテ、ドローレ「痛ましい、痛み」）と聞き取るという一節だ。この一節の背後にダンテがあると読み取った「僕」はさらに『神曲』を紐解く。「地獄篇」第三歌のその一節は地獄の門を詠ったものだった。さらにはラウリーの書簡集にあった作家本人の意見、『活火山の下で』で鳴り響く鐘のシーンは「気を滅入らせる《ディプレッシング》」ものではなく、むしろ「決定的にカタルシスをあじわう」はずの場だとの意見を確認し、「僕」は最終的にメキシコを去り、メキシコでも四国でもない東京での生活に活路を見出すことにするのだった。「メキシコから中南米を放浪してまわり、あげくは森のなかに舞い戻るという仕方でなく、森の「夢の時《ドリーム・タイム》」とはもっとも遠い場所・東京」に。

ラウリーの鐘の音になぞらえて「痛み・嘆き」を伝える鐘の音に驚いた「僕」は、その鐘の響きがつまりは地獄の入り口をも暗示していたことに気づいたということだ。メキシコと四国は、ともに東京と対比されるべき「夢の時」の場所であるが、それはまた同時に地獄でもあるという警告。ラウリーからダンテへとテクストを遡りながら、ここにいない妻の嘆きが、実はオルフェウスの冥府下降のモチーフに繋がることを示唆して、小説の広がりを示す『懐かしい年への手紙』第三章では、アラメダ公園を起点にして、このように「僕」が迷うのである。ラウリーやダンテのテクストに。メキシコ市という名の、四国の森とも通底する地獄に――作家とはおよそそうしたものなのだろうが、大江は、ボラーニョ同様、美しいアラメダ公園を前にして、書物の中に迷い込んでいる。

でも、しかし、ところで、メキシコ市とは地獄なのか?

✣光から闇へ　冥府の入り口を見出す

メキシコ市とは地獄の別名にほかならない。より正確に言うなら、メキシコ市とは、他の整備された大都市同様、地獄(冥府)への抜け道がそこここに口を開けて私たちを待ちかまえている都市だ。最後にそのことを見ていこう。やはりボラーニョの助けを借りることにする。そしてもう一度、ブカレリ通りに戻ることになる。

ロベルト・ボラーニョおよび彼の分身たる小説の登場人物たちが、ガラス窓に幻惑される存在であることは既にほのめかした。彼らは水晶宮のようなクリスタル書店を好む。三部構成の『野生の探偵たち』のそれぞれの部は、いずれも窓(車の窓と家のガラス窓)から外を望む景色で終わっている。「はらわたリアリスト」たちは、〈カフェ・キト〉ことカフェ・ラ・アバーナの大きなウィンドウから漏れてくる光に吸い寄せられるようにそこに集まってくる。

ガルシア＝マデーロが〈カフェ・キト〉のウィンドウから漏れる光に吸い寄せられていたら

▲カフェ・ラ・アバーナ近影
（2016年2月撮影）

しいことを背理的に示してみよう。ある日彼は、マリア・フォントを〈カフェ・キト〉に呼び出した。彼女は夜の七時ごろに姿を現した。

マリア・フォントは僕の目を見て微笑んだ。ウェイトレスがやってきて何にするかと尋ねた。いらないわ、もう出るところだから、とマリアは言った。外に出て、何か用事があるのかとマリアに尋ねると、彼女は、何もない、ただ〈カフェ・キト〉の雰囲気が気に入らなかっただけと言った。僕たちはブカレリ通りをレフォルマ遊歩道まで歩き、通りを渡ってゲレーロ通りに入った。

「このあたりは売春街よ」とマリアが言った。

「知らなかった」と僕は言った。

「腕を組んで、間違われちゃいやだから」

実は最初のうち、その通りが今しがたあとにした二つの通りと比べて特に変わっているとは気づかなかった。車の往来は相変わらず多いし、歩道を歩く大勢の人々もブカレリ通りを行き交う人々とたいして変わりなかった。でもやがて（たぶんマリアに気づかされたおかげで）、だんだんと違いが分かってきた。まず照明が違う。ブカレリ通りの街灯は白いけど、ゲレーロ通りの街灯は琥珀色がかっている。車も違う。ブカレリ通りでは歩道沿いに車が停まっていることはめったにないが、ゲレーロ通りにはとても多い。酒場やカフェも、ブカレリ通りでは開放的で中も明るいが、ゲレーロ通りでは数こそ多いものの、道に面したウィンドウもないので、内に向かって閉じているかのようで、秘密めいていて用心深く見えた。きわめつけは音楽だ。ブカレリ通りには音楽などなくて、聞こえるのはもっぱらエンジン音か人間の声だけだが、ゲレーロ通りは、奥に足を踏み入れるにしたがって、特にビオレタ通りとマグノリア通りの角を越えたあたりからは、音楽が通りを埋めつくす。酒場や停まっている車から漏れる音楽、ポータブルラジオから漏れる音楽、建物の暗いファサードの上で煌々と光る窓から聞こえてくる音楽。

（『野生の探偵たち』邦訳の表記を一部変更。傍点は引用者）

午後七時過ぎにブカレリ通りからレフォルマ遊歩道を越え、ゲレーロ通りにいたるガルシア＝マデーロとマリアは、二十年以上前のある日の朝六時十五分ごろにグラディス・ガルシーアが進んだルートをちょうど正反対に辿っている。グラディスが夜の世界から昼の世界へと出てきたとするならば、夕暮れ時にその逆を行くガルシア＝マデーロとマリアは、対照的に夜の世界へと入って行こうとしているのだ。そのことを裏づけるように、「酒場やカフェも、ブカレリ通りでは開放的で中も明るいが、ゲレーロ通りでは数こそ多いものの、道に面したウィンドウもないので、内に向かって閉じているかのようで、秘密めいていて用心深く見えた」との観測を述べている。つまりゲレーロ通りは暗いのだ。ゲレーロ通りには「ウィンドウもない」ということはブカレリ通りにはそれがあるのであり、つまりガルシア＝マデーロは〈カフェ・キト〉ことカフェ・ラ・アバーナのウィンドウに強く印象づけられたに違いないのだ。

それにしても、このゲレーロ通りの描写の厚さは尋常ではない。私たちの知るボラーニョは、状況描写の簡潔さをひとつの特徴とするというのに。何と言っても私が驚いたのは、「不意にまた目を開けると、そこにはあの風景が、変化に富み、美しく、ときに胸を熱くさせ、ときに憂鬱にさせる風景があった」という『チリ夜想曲』の描写だ。木々や草原、海原などを言葉によって説明するのでなく、それらをただ「風景」と呼ぶ記述の経済性には虚を突かれる。詳しく引用することはしないが、『野生の探偵たち』もまたこうした経済的な風景描写に満ちている。そのことは、たとえばしばらく前に見た〈中国時計〉近辺の記述にも垣間見ることができるだろう。そこにあるのはほとんどが通りの名の羅列なのだ。まるで地図上で辿っているかのような印象だ。こうした簡潔な描写に比したときに、停車中の車の数から照明、音についてまで事細かく説明するこの場面の記述は驚くほど濃密だ。つまりこの場面は、ボラーニョが読者に最も注意深く読ませたいと思っている箇所に違いない。

そのほとんどすべての作品を通じてロベルト・ボラーニョが私たちに伝えているのは、何らかのテーマでも本人の思想でも主張でもない。彼はただ場の雰囲気を伝えているのだ。『2666』（二〇〇三）ではメキシコ北部の砂漠地帯の荒涼とした風景を見せようとしているのであり、『野生の探偵たち』ではメキシコ市に漂う空気を伝えようとしている。「僕はDFの詩人になろう」とノートに書きつけた人物なのだから。彼はつまり、DFを覆うポエジーを捉えようとした。そんなポエジーの表出たるテクストにあって、ここで例外的に風景を描写しているのであれば、ボラーニョはこの場所のあり方に読者の目を向けようとしたに違いない。私たちはここを見なければならないのだ。ゲレーロ通りの暗さを感じ取らなければならないのだ。

ところで、都市論を展開する者のほとんどが決まって引用するこの分野の古典に、ヴァルター・ベンヤミンの『パサージュ論』がある。ナチスからの逃亡途中、西仏国境で無念の服毒自殺を遂げたこのユダヤ人作家の未完の草稿が死後、編集され出版されたパリ論のエスキスだ。ここでベンヤミンはパリの都市改革期、いわゆる第二帝政期を生きた詩人シャルル・ボードレールを招喚し、この詩人の遊歩者《フラヌール》の視点からパリの都市を見直そうとしている。

そこにおいてベンヤミンが、パリの都市改革の目玉であったシャンゼリゼ通りの整備のしかたに、一望監視システムに通じるデザインのあり方を読み取ったことは前に説明した。こうしてパリから陰が消えたのだと。一望監視システムのような都市整備に反旗を翻し、バリケードを築いてパリに陰を取り戻したのは、反帝政運動に起源を持つパリ・コミューンの乱だ。そして「アレゴリー詩人の視線、疎外された者の視線」でいわば空想上の陰を作ってみせたのが遊歩者ボードレールだ。遊歩者は「大都市の境界《シュヴーレ》、市民階級の境界の上に立っている」からそれが可能になるのだ。群衆に紛れ遊歩する詩人の目には「見馴れた都市が幻像《ファンタスマゴリー》と映ずる」。ボードレールが見ているパリは何もかも一望で見渡せる都市などではなく、「沈没した都市、しかも地底に沈んだというよりは、むしろ海底に沈んだ都市」なのだ。「この都市の冥府的要素が――地理学上の地層からいえば、昔は人も住まない荒涼たるセーヌ川の川床である――ボードレールの中に痕跡を留めているようである」（傍点は引用者）。

どれだけ一望監視システムのように整備して陰を一掃したつもりになっても、都市はあくまでも有機的で茫漠としたものだ。あるいは開発しきれない古層として、あるいはその後に生まれたひずみとして、そしてまた為政者や設計者の目の届かなかった細部として、陰はいたるところに存在する。「アレゴリー詩人」、現実をファンタスマゴリーに換えてしまう詩人の視線からすればそれは見出せるはずだ。詩人とは、遊歩者とは、光と陰の境界に立つ者だからだ。

時に都市と居室の対照を引き合いに出すベンヤミンのこうした境界の概念は、敷居という語で言い換えられもするのだが、境界と言おうが敷居と言おうが、この光と陰が交差する地点、冥府の入り口のようなこの地点を見出し、それを跨ぐ者のみを今、遊歩者と呼ぶことにするならば、ボラーニョの小説の人物たちもまさに遊歩者である。

やはり既に述べたように、ブカレリ通りとゲレーロ通りの境界に横たわるレフォルマ遊歩道は、シャンゼリゼに範を取り、チャプルテペック城のテラスから一望の下に見渡せる、陰の存在を許さない通りとして造られたものだった。ボラーニョはそんなレフォルマ遊歩道の角に陰を作ってみせた。ベンヤミンの言う「冥府的要素」をゲレーロ通りに見出したのだ。しかもボラーニョの造形したガルシア＝マデーロは、マリア・フォントという愛する人に導かれてこの冥府へと降りていった。死んだ妻エウリュディケを助けに行ったオルフェウスの逆をいくような行動だったのである。

メキシコDFを紐解く本書のごく最初のところで、私たちはボラーニョに地下からの語りかけに耳を傾ける態度を見て取ったのだった。地下ではないけれども、闇の世界としてのゲレーロ通りへの冥府下降、都市改革をもってしても殲滅し尽くすことのできなかった陰の入り口をこうして見てきた今、地下からの語りかけを聞くというのもまた、ひとつの冥府の入り口に対する感受性のなせるわざだったのだろうとの観測に達しないではいられない。ボラーニョに導かれるままにこの都市の地下に通じる箇所を見てきた私たちは、つまり冥府をのぞいてきたのだ。冥府といっても、そこは「DFの詩人」になろうとしたボラーニョの感受性が指し示す冥府だ。それはつまり、別名をポエジー（詩情）というのに違いない。

Librerías

エピローグ

書店と図書館

テクストの都市を旅する

図書館のすべての人間とおなじように、わたしも若いころよく旅行をした。

——ホルヘ・ルイス・ボルヘス「バベルの図書館」

✣本屋に行こう　ペンドゥロ

ロサリオ・カステリャーノス書店のガルシアさんの示唆を受けペンドゥロを探してみたら、ほどなく見つかった。放射状の道路が斜めに交わることの多いコンデサにあって、それらの通りにあらぬ角度で切り込んでやがてカーヴを描く、自己主張の強い通りがヌエボ・レオン通りだった。その先には、コロニア・イポドロモの名の由来となった競馬場《イポドロモ》の形状をそのままに残す公園（メキシコ公園）がある。ヌエボ・レオン通りはその競馬場の外側の輪郭を形成することになる。この通りを挟んで向こう側にある小トラックの形状をしたスペイン公園は、たぶんパドックだったのだろう。ヌエボ・レオン通りがカーヴを切ってメキシコ公園の競馬場のような形状の外郭にさしかかるところにペンドゥロはあった。

二階のテラスが見えるので、本屋というよりはカフェが主体かとの印象を与える店内に入ると、一階の正面にも、一段高くなった場所に広いカフェ・スペースがあり、その印象は固まる。その日は休日の昼時とあってそこは満員だった。ＣＤの陳列された台の上ではギターをかかえた歌い手がボサノヴァのナンバーを弾き語りしていた。たしか「おいしい水」だった。あるい

▲ペンドゥロ、コンデサ店の店頭（2016年2月撮影）

は「イパネマの娘」だったかもしれない。いずれにしろ、私は小一時間ばかりも本屋にいたのだから、きっとどちらの歌も聞いたのだろうと思う。こうした催しをカフェの客に向けて行うところが、この店の新しさだろう。

カフェが主体とはいえ、本屋でもあることに変わりはない。別の書店で買い物を済ませたばかりだというのに、その日も新たに発見したこの書店兼カフェで、私は文献を渉猟することになった。こうして私は、メキシコ市に来る楽しみを新たにひとつ見出した。

その日、ペンドゥロでは何冊かの文学作品を購入した。やはり『テクストとしての都市　メキシコDF』を考えてのことだ。ただし、いずれも本書に組み入れることはできなかったのだが。

▲ペンドゥロ、ポランコ店の店内(2017年3月撮影)

ルイス・サパータ*『コロニア・ローマの吸血鬼』(一九七九、未邦訳)。コロニア・ローマは、南北に走るインスルヘンテス大通りを隔ててコンデサの東側にある街区だ。『澄みわたる大地』のグラディス・ガルシーアのアパートがあるらしい、比較的貧しいコロニア・ドクトーレスの西に隣接し、瀟洒な建物の並ぶ街だ。ここを舞台にした小説としてはホセ・エミリオ・パチェーコ**『砂漠の戦い』(一九八一)などが知られているが、サパータのこの作品はホモセクシュアルの少年を主人公とした青春小説の金字塔だ。この街区にはウィリアム・バロウズ***やジャック・ケルアック****などのいわゆるビートニクスの作家たちが住んでいたし、最近では同じく作家のホルヘ・ボルピ*****が住んでいると聞いた。コレヒオ・デ・メヒコは今では郊外にあるが、大江健三郎が教えていたころはまだこの界隈にあったはずだ(直後、郊外に移転した)。そしてなによりも近年では、アルフォンソ・クワロンの『ローマ』(二〇一八)の舞台として私たちの心に刻まれた。かように話題に事欠かないスポットのひとつがコロニア・ローマなのだが、残念ながらこの地区について多くを書く紙幅はなかった。

エレナ・ポニヤトウスカ『レフォルマ遊歩道』（一九九六、未邦訳）。『トラテロルコの夜』を書いたポニヤトウスカの小説だ。この遊歩道つき大通りを敷居のように跨ぎ、冥府に降りていくボラーニョの登場人物については書いたとおりだが、この小説をうまく関連づけて論じることはできなかった。

ホセ・エミリオ・パチェーコでは短篇「ウンディード公園」を収めた短篇集『遥かな風』を手に入れた。問題の短篇は邦訳書（『メドゥーサの血』安藤哲行訳）では「沈下した公園」と訳されている。『野生の探偵たち』でウリセス・リマが宿敵オクタビオ・パスと睨み合いながらすり

＊ルイス・サパータ（一九五一―）　メキシコの作家。
＊＊ホセ・エミリオ・パチェーコ（一九三九―二〇一四）　メキシコの詩人、作家。
＊＊＊ウィリアム・バロウズ（一九一四―九七）　アメリカ合衆国の作家。『ジャンキー』（一九五三）など。
＊＊＊＊ジャック・ケルアック（一九二二―六九）　アメリカ合衆国の作家。『オン・ザ・ロード』（一九五七）など。
＊＊＊＊＊ホルヘ・ボルピ（一九六八―）　メキシコの作家。『クリングゾールをさがして』（一九九九）など。

鉢状の園内の散歩道を歩く、実に奇妙で、かつおかしみのあるシーンの舞台となったその公園には、私もいろいろな思い出があるのだが、結局はうまくまとめることができなかった。

ベルナルド・デ・バルブエナの『メキシコの偉大さ』(第一章参照) を下敷きにしてサルバドール・ノボ*が書いたこの都市をめぐるエッセイが『メキシコの新たな偉大さ』(一九四七、未邦訳) だ。本当は、これを全訳してしまえば、私はメキシコ市について書く必要などないのかもしれない。手に取りながら私はしばし、そんな無力感にとらわれた記憶がある。これらの書物を前に、私になしえることがあるのだろうか？　もちろん、ノボが書いたのは一九四七年以前のメキシコなのだから、私は私なりの、二十一世紀のメキシコを書けばいいのだ、「メキシコのもっと新しい偉大さ」を書けばいいのだ、と自分に言い聞かせることはできる。だが、果たして私はこうしたテクストに伍するだけのものを書けるだろうか？　はなはだ不安になった。

メキシコ市は広大だ。書物は無限だ。無限の書物を読みながら広大なメキシコ市を思うとき、私は大抵、喜びを感じるのだが、その無限さ、広大さを自分で捉えてみようとしたとき、自らの手で文章化してみようとしたとき、困惑し立ち止まらないではいられない。つい数十分前、ロサリオ・カステリャーノス書店では、『テクストとしての都市　メキシコDF』を書くための示唆を得たように思ったのだが、読まなければならない膨大な……無限の文献を前に、無力感に苛まれた。まだ知るにいたっていないメキシコ市の隅々を思い、気が遠くなる思いを抱いた。

気分転換に空席のできたカフェに入り、コーヒーを飲んだと記憶する。その年の旅には日本語の本を数冊携えてきたのだが、あるいはバッグからそれらを取り出し、読んだかもしれない。矢作俊彦**『悲劇週間』（二〇〇五）は外交官である父親を訪ねてメキシコにやって来た若き日の堀口大學を主人公とした小説だ。大學が大統領の姪にあたる美少女と恋に落ちる話だ。時代は一九一九年から二一年。壁画運動が始まるころだ。

映画監督・吉田喜重***もまたメキシコに滞在した。八四年には『メヒコ――歓ばしき隠喩』という本を出している。

吉田に限らず、メキシコを訪れ、住み、その経験について書いた日本人は少なからずいる。黒沼ユリ子、鶴見俊輔、大江健三郎、山口昌男****、見田宗介*****……。日本語の本に逃げても、そこ

*サルバドール・ノボ（一九〇四―七四）　メキシコの詩人、作家。

**矢作俊彦（一九五〇―）　日本の小説家。『スズキさんの休息と遍歴』（一九九〇）など。

***吉田喜重（一九三三―）　日本の映画監督。『さらば夏の光』（一九六八）など。

****山口昌男（一九三一―二〇一三）　日本の文化人類学者。東京外国語大学名誉教授。『文化と両義性』（一九七五）など。

*****見田宗介（一九三七―）　日本の社会学者。東京大学名誉教授。『時間の比較社会学』（一九八一）など。真木悠介の筆名でも著作活動している。

にもメキシコの広大な街が広がっている事実に、私は喜び、同時に意気阻喪したように記憶する。

日本語文献にもメキシコを描いたものがふんだんに見出せることは、同時に私にとっての希望でもあると思いついたのは、その日だったと思う。あるいはそれは、事後、私が捏造した記憶かもしれない。私としてはコーヒーを飲んでリラックスしたからか、そうでなければ店内に流れていたボサノヴァのシンコペーションのリズムのおかげだと思いたい。ともかく、ある時点から思い直すことにしたのだった。サルバドール・ノボがついぞ読むことのなかったはずのこれらの文献を取り入れることによって、彼に「伍する」ことはできないまでも、少なくとも私なりの「メキシコのもっと新しい偉大さ」は書けるだろうと。たとえばボラーニョと大江を並べてみればいいのではないかと。こうした組み合わせを通して見えてくるメキシコ市の相貌は、ノボもフエンテスも、当のボラーニョすらも知らないはずだと。

❖コーヒー&ブックス　メキシコの書店たち

コーヒーと本（ジム・ジャームッシュの映画のタイトルみたいだ）は、言ってみれば、相性がいい。ペンドゥロが「カフェブレリーア」を名乗ってその相性の良さを知らしめるずっと以前から、メキシコでは本屋にはカフェが付随するものだった。そのスタイルで最初に知られた本屋は、何と言っても一九七一年創業のガンディだ。あのインド独立の功労者マハトマ・ガンディからその名をとった本屋だ。私はここを訪れないうちはメキシコにやって来た実感を持てないでいる。必ず行かねばならない場所のひとつだ。

地下鉄のミゲル・アンヘル・デ・ケベード駅を出て交差点を左に曲がると、やがて道路の反対側に見えてくるのがガンディの本店だ。最初にメキシコに来た一九九一年、私は週に一度はこの店にやって来て本を漁り、何時間もかけて買う本を決め（生活費に比べて本の値段は高く、貧乏な奨学生だった私には、買いたい本のすべてを買うことなどできなかった。いきおい、選定に時間をかけることになった）、支払いを済ませると二階のカフェに上がり、チェスやドミノに興じる常連客に混じってコーヒーを飲み、買ったばかりの本を点検したり読み耽ったりしたものだ。所属する研究所の研究者の姿を奥のテーブルに見出すことも一度ならずあった。

今では通りを渡るまでもなく、こちら側にもガンディは店舗を構えている。ここも当初は二階にカフェを置いていたのだが、最近は代わりにスターバックス・コーヒーが一階の店舗横に入っている。グローバリズムということについて思いを巡らせないではいられない。そういえば、ペンドゥロの最大の店舗があるポランコにもガンディは店舗を構えるのだが、そこは、ペンドゥロのカフェが目立っているのとは対照的に、カフェすらもない。

ところで、ミゲル・アンヘル・デ・ケベード駅近辺は、今では本屋街と呼んでもいいだろう。

ガンディの新店舗の隣にはフォンド・デ・クルトゥーラ・エコノミカ直営の書店がある。こちらの店舗はロサリオ・カステリャーノスではなく、オクタビオ・パスの名を冠している。さらにその隣にはカサ・デル・リブロが続き、何件か先には古本屋も数軒、連なっている。

先ほど左に曲がった交差点を逆の側に曲がってすぐのところにあるのが、地下書店ソタノ《ソタノ》だ。「地下書店」と書いたが、何も発禁本を売っているわけではない。文字どおり地下に広がる書店だ。土地の高低差を利用した店舗の造りになっており、メインのフロアへは入り口から階段を降りていくことになる。中心街《セントロ》のアラメダ公園正面にも店舗を構えているが、とりわけ品揃えの豊富さにかけて感動的なのはミゲル・アンヘル・デ・ケベードの店舗だ。やはりメキシコは地下に何かが存在する都市なのだ。私たちはここでも地下からの語りかけに耳を澄ませることになる。

もちろん、オクタビオ・パス書店にもカサ・デル・リブロにも、地下書店ソタノにもカフェは併設されている。メキシコではカフェがなければ本屋ではないと言った方がいいのかもしれない。ミゲル・アンヘル・デ・ケベード駅周辺では、本を買ってはひと休みしてコーヒーをする贅沢な時間が楽しめる。

この界隈からはコヨアカンのセントロへも歩いて十分ほどで行ける。そしてコヨアカンのセントロにはパルナソという素晴らしい本屋があった。スーザン・ソンタグ*がホセ・エミリオ・

パチェーコの本を全部買っていったと言われている場所だ。多くの本屋がカフェを併設するメキシコ市にあって、そのカフェが最も目立っていたのがこの書店だ。全席テラスになっていて、書店の前に張り出していたからだ。コヨアカンの街並みに溶け込み、瀟洒という語がぴったり当てはまる雰囲気だった。残念ながらこの店は二〇一一年に閉店した。コヨアカンではガンディやソタノの支店が相変わらずの賑わいをみせはするものの、それらにカフェは併設されていない。そんなわけで、パルナソの閉店によってメキシコの愛書家たちは、ひとつの時代の終わりを実感したに違いない。私のメキシコに行く楽しみがひとつ消えた。

ボラーニョの愛したクリスタル書店も、もうない。

❖書物の都市　図書館

書店だけでなく、ついでに図書館にも足を延ばしてみよう。この街には書物と都市の関係を考えるとき、見過ごすことのできないスポットがある。ボラーニョが愛したブカレリ通りの〈中国時計〉のすぐ近く、シウダデーラ広場に面した場所にあるメヒコ図書館ホセ・バスコンセロスだ。ただし、ブエナ・ビスタ鉄道駅横にホセ・バスコンセロス図書館という、同じく市立

＊スーザン・ソンタグ（一九三三―二〇〇四）　アメリカ合衆国の作家、批評家。『反解釈』（一九六六）など。

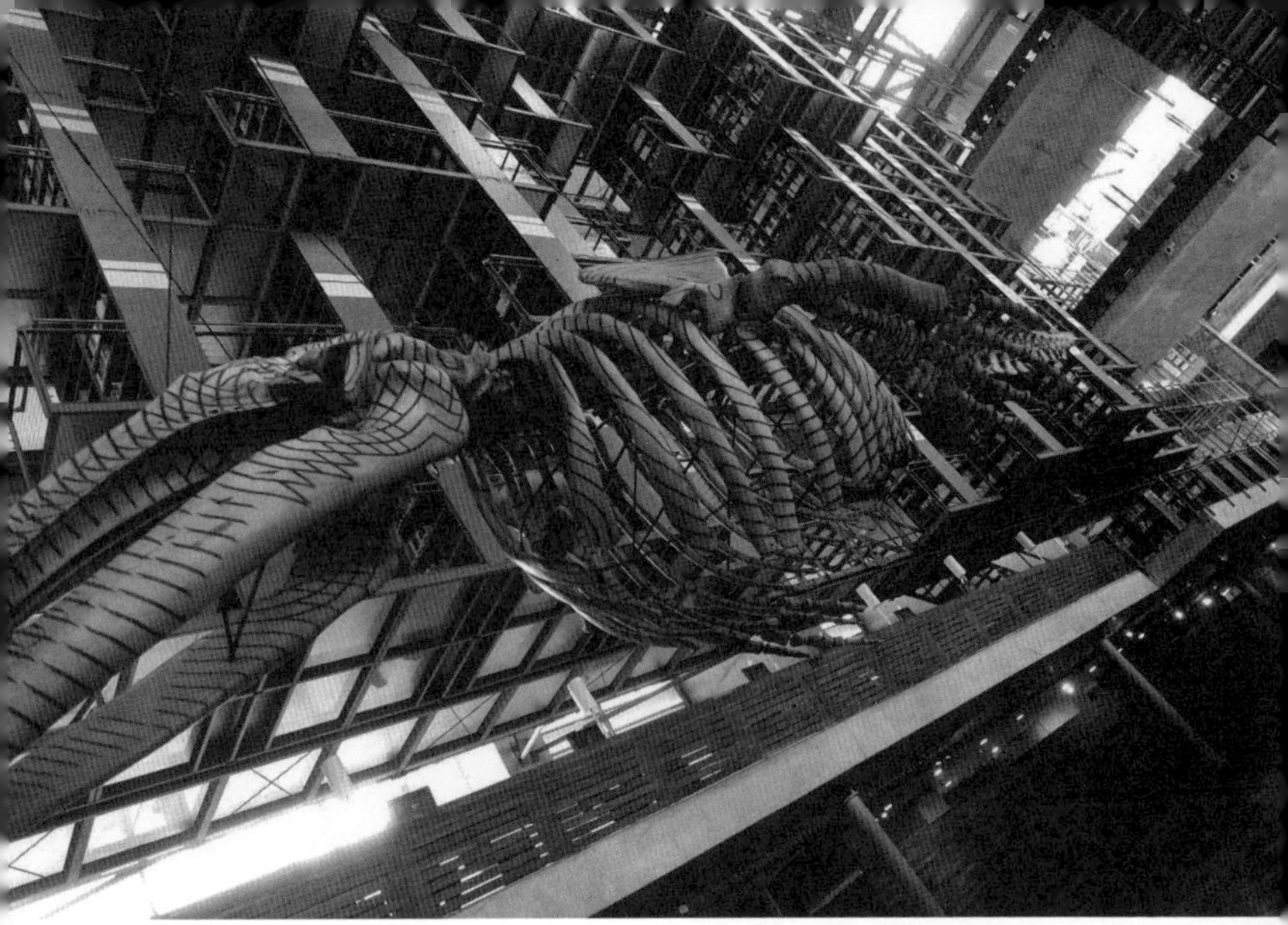

▲ホセ・バスコンセロス図書館の宙吊りになった〈マトリックス・モビール〉と書架
(2016年2月撮影)

の図書館もあるので、これと混同なきよう。市立ホセ・バスコンセロス図書館の方は宙吊りになったクジラの骨格〈マトリックス・モビール〉、同じく宙吊りになった書架で知られ、劇場も併設して映画や演劇、その他の催しも行っており、今では観光スポットにもなっている。小声で言うのだが、高所恐怖症の私にしてみれば、ここの書架を見て回るのはかなりの恐怖体験だ。この図書館が近年、観光スポットになっているのも当然で、開館したのが最近のことだからだ。正確に言えば、二〇〇六年のことだ。今、私たちが訪ねて行こうとしているメヒコ図書館の開館は一九四六年。初代図書館長を務めたのがホセ・バスコンセロスだった。

バスコンセロスの名を冠するのは、彼が初代館長を務めたからではない。この名がついたのは二〇〇〇年のことだ。直後から「シウダデーラ広場、書物の都市」という名の計画の下に図書館は改革を進め、二〇一二年までにメキシコを代表する作家五人の個人書庫を抱えることにした。残念ながら日本ではあまり知られていない五人の作家を細かく紹介することはしないが、名前だけ挙げておくなら、ホセ・ルイス・マルティネス、アントニオ・カストロ・レアル、ハイメ・ガルシア＝テレース、アリ・チュマセーロ、カルロス・モンシバイスの面々だ。ちなみに、最後に挙がったモンシバイスは『野生の探偵たち』に登場する。五十人あまりの実在・非実在の人物へのインタヴューから成り立つ第二部の最初の章の最後のインタヴューイーとして登場し、「すべての詩人の髪の長さについて証言できる」（傍点は邦訳原文）とうそぶいた人物だ。

公共の図書館がその都市にゆかりのある作家の個人蔵書を受け入れることは、かつては珍しいことではなかった。大学図書館は引退した、あるいは物故した教授の個人文庫を構えたりしていた。ところが、書物に対する敬意が減じつつある現在では、こうした事例は世界のどこでも少なくなっているのではあるまいか。そんな時流に反するように、二十一世紀に入ってから五人もの作家のそれぞれ何万冊にもおよぶ蔵書を収蔵しようというのだから、太っ腹だ。

いや、太っ腹なのではなく、逆に、五人（少なくとも複数）の個人蔵書を受け入れて初めて、そこは「書物の都市」になるのだろう。ひとりの蔵書だけを受け入れるなら、そこは個人の書庫だ。たとえばアルフォンソ・レイエスにはアルフォンソ・レイエス記念館（プロローグ参照）

がある。こうした記念館が複数点在する場所がひとつの都市ならば、図書館を「書物の都市」にするためには、複数の作家の記念館（書庫）を集めなければならないだろう。かくして、私たちは今、バスコンセロスの名を冠するこの図書館で、ホセ・ルイス・マルティネス記念館からアリ・チュマセーロ記念館へと渡り歩くことができるというわけだ。実際、これら五人の作家の個人蔵書は、典型的な図書館の無機質で無個性な書庫に陳列されているわけではなく、それぞれ、あたかも個人の書斎のようなスペースに展示されている。小規模な個人記念館の様相を呈しているのだ。

こうして「書物の都市」へと生まれ変わったメヒコ図書館ホセ・バスコンセロスで、それを祝うべく二〇一二年十月十五日に開かれたのが、第一回カルロス・フエンテス文学賞の贈呈式だった。その年の五月に逝去したメキシコの大作家を記念して創設された二年に一度の文学賞だ。記念すべき第一回目の受賞者はマリオ・バルガス＝リョサ。若いころからの文学賞ハンターで、既に二年前にノーベル文学賞を受賞していたこのペルー＝スペインの作家は、「ノーベル賞以後、賞をもらえるとは思わなかった」と言いながらも「フエンテスこそがラテンアメリカ文学の〈ブーム〉の先駆けだ」とかつての盟友の名を冠した賞を喜んだ。彼はまた、この「書物の都市」ことメヒコ図書館ホセ・バスコンセロスを「二十一世紀の最も美しい図書館」と呼んだのだった。彼がそう呼んだとき、それは旧タバコ工場を利用したこの図書館の建築の美しさのみを讃えたのではあるまい。その内部で、まるでひとつの都市のように愛書家であった複数の作家たちの個人記念館・文書館を訪ね歩き、彼らが読んだ本の中に広がる世界を、ということは彼らが生きた軌跡を、そのままに辿ることができるこの空間での体験をも含むものであっただろう。

メキシコ市には世界で最も美しい十の書店のひとつと、最も美しい図書館がある。本は世界であり、書店は世界である。図書館——ボルヘスによれば宇宙であるところの図書館——は「書物の都市」を名乗っている。そうした空間のあるメキシコ市は、世界で最も美しい都市(少なくともそのひとつ)に違いない。

▶Poniatowska, Elena, 2009: *Paseo de la Reforma*（レフォルマ遊歩道）(México: Planeta)
▶Vargas Llosa, Mario, 2012: “La ciudadela de los libros”, “Opinión”, El País, 2 de diciembre, 2012 (Edición digital: https://elpais.com/elpais/2012/11/30/opinion/1354278776_063707.html)
▶Zapata, Luis, 2004: *El vampiro de la Colonia Roma*（コロニア・ローマの吸血鬼）(México: Random House Mondadori)
▶パチェーコ、ホセ・エミリオ、1998:『メドゥーサの血』安藤哲行訳（まろうど社）
▶―― 2011:『砂漠の戦い』安藤哲行訳、『ラテンアメリカ五人集』（集英社文庫）
▶ボルヘス、ホルヘ・ルイス、1993:「バベルの図書館」『伝奇集』鼓直訳（岩波文庫）、103-117ページ。
▶矢作俊彦、2008:『悲劇週間』（文春文庫）
▶吉田喜重、1984:『メヒコ――歓ばしき隠喩』（岩波書店）

＊本書第6章から8章の内容は以下の助成金を得て実施された研究に基づく。
日本学術振興会科学研究費助成事業（学術研究助成基金助成）基盤研究（c）（一般）課題番号15K02408
研究課題名「大西洋往還知識人ネットワークの形成とスペイン語圏文化地図の変化についての研究」

▲今では市内の至る所にメキシコ市Ciudad de Méxicoを意味するCDMXのロゴがあり、
市の正式名称をアピールしている（インスルヘンテス駅前ロータリー、第5章参照）

▶Paz, Octavio, 1988: "Una grandeza caída"（転落した偉大さ）, entrevistado por Alberto Ruy Sánchez, *Artes de México 1 Centro Histórico de la Ciudad de México* (México: Artes de México y del Mundo), pp. 6-12.
▶—— 1990: "Nocturno de San Ildefonso"（サン・イルデフォンソの夜想曲）*Obra poética (1935-1988)*, (Barcelona: Seix Barral)
▶久野量一、2009：「解説——喧噪と静寂」ガルシア＝マルケス『生きて、語り伝える』旦敬介訳（新潮社）
▶ブニュエル、ルイス、監督（DVD）、2006：『幻影は市電に乗って旅をする』『ルイス・ブニュエルDVD-BOX 1』（紀伊國屋書店）
▶『プレイボーイ　日本版』（集英社）2008年4月号
▶『クーリエ・ジャポン』（講談社）2008年4月号

第8章

▶Bolaño, Roberto, 2004: *Entre paréntesis: Ensayos, artículos y discursos (1998-2003)*（『カッコに入れて』）, Edición de Ignacio Echeverría (Barcelona: Anagrama)
▶Tatis Guerra, Gustavo, 2014: "¿Por qué Vargas Llosa golpeó a Galo?", El Universal 15 de juniode, 2014 (Edición digital: www.eluniversal.com.co/suplementos/dominical/por-que-vargas-llosa-golpeo-gabo-162363-PXEU255479)
▶大江健三郎、1992：『懐かしい年への手紙』（講談社文芸文庫）
▶落合一泰、1998：「〈メキシコ的なるもの〉の視覚化とその背後」『一橋論叢』第120巻、第4号（1998年10月号）516-537ページ。
▶ベンヤミン、ヴァルター、2003：『パサージュ論』全五巻、今村仁司、三島憲一ほか訳（岩波現代文庫）
▶ボラーニョ、ロベルト、2009：『通話』松本健二訳（白水社）
▶—— 2017：『チリ夜想曲』野谷文昭訳（白水社）

エピローグ

▶Aguilar, Yanet & Alida Piñón, 2012: "Fuentes, el verdadero pionero del boom; Vargas Llosa", El Universal, 22 de noviembre, 2012 (Edición digital: http://archivo.eluniversal.com.mx/notas/884873.html)
▶Novo, Salvador, 1992: *Nueva grandeza mexicana: Ensayo sobre la Ciudad de México y sus alrededores en 1946*（メキシコの新たな偉大さ）, Prólogo de Carlos Monsiváis (México, Consejo Nacional para la Cultura y las Artes)

が立ち上がるのか』高月園子訳（亜紀書房）
▶ブニュエル、ルイス、監督（DVD）、2008：『忘れられた人々』『ルイス・ブニュエルDVD-BOX 6』（紀伊國屋書店）
▶ルイス、オスカー、2003：『貧困の文化――メキシコの〈五つの家族〉』高山智博、染谷臣道、宮本勝訳（ちくま学芸文庫）
▶四方田犬彦、2013：『ルイス・ブニュエル』（作品社）
▶「メキシコ料理@下北沢　なぜか懐石料理も」
http://ameblo.jp/tepito/entry-10355095366.html

第6章

▶Padura, Leonardo, 2009: *El hombre que amaba a los perros* (Barcelona: Tusquets)〔レオナルド・パドゥーラ『犬を愛した男』寺尾隆吉訳（水声社、2019）〕
▶Ramos, Samuel, 1990: *El perfil del hombre y la cultura en México* (México: Espasa-Calpe Mexicana)
▶小倉英敬、2007：『メキシコ時代のトロツキー1937-1940』（新泉社）
▶黒沼ユリ子、1989：『メキシコの輝き――コヨアカンに暮らして――』（岩波新書）
▶中原佑介、1994：『一九三〇年代のメキシコ』（メタローグ）
▶パス、オクタビオ、1982：『孤独の迷宮――メキシコの文化と歴史――』高山智博、熊谷明子訳（法政大学出版局）
▶フエンテス、カルロス、1985：『アルテミオ・クルスの死』木村榮一訳（新潮社）
▶堀尾真紀子、1999：『フリーダ・カーロ――引き裂かれた自画像』（中公文庫）
▶ル・クレジオ、J・M・G、1997：『ディエゴとフリーダ』望月芳郎訳（新潮社）

第7章

▶Fuentes, Carlos, 2007: "Para darle nombre a América. Homenaje", Gabriel García Márquez, *Cien años de soledad*, edición conmemorativa (Madrid: Real Academia Española / Asociación de Academias de la Lengua Española)
▶González Flores, Laura, 2010: *Otra revolución: Fotografías de la Ciudad de México, 1910-1918* (México: Universidad Nacional Autónoma de México)
▶Gutiérrez Nájera, Manuel, 2006: "La novela del tranvía", *Cuentos*, Edición de José María Martínez (Madrid: Cátedra) pp. 233-241.
▶Nájar, Alberto, 2014: "La casa donde nació 'Cien años de soledad", BBC Mundo (www.bbc.com 17 de abril, 2014)

越智道雄監修（ソニー・マガジンズ）
▶セルトー、ミシェル・ド、1998：『パロールの奪取——新しい文化のために』、佐藤和生訳（法政大学出版局）
▶パス、オクタビオ、2005：「英語版『トラテロルコの夜』序文」ポニアトウスカ2005、6-22ページ
▶マルクス、カール、2008：『ルイ・ボナパルトのブリュメール18日』植村邦彦訳（平凡社ライブラリー）

第4章

▶Lafaye, Jacques, 1985: *Quetzalcóatl y Guadalupe: La formación de la conciencia nacional en México*（ケツァルコアトルとグアダルーペ）, Trad. de Ida Vitale y Fulgencio López Vidarte, México（Fondo de Cultura Económica, 2nda. edición）
▶Mier, Servando Teresa de, Fray, 1978: "Carta de despedida a los mexicanos", *Ideario político*, Prólogo, notas y cronología de Edmundo O' Gorman（Caracas, Biblioteca Ayacucho）
▶—— 1981: *Obras completas I: El heterodoxo guadalupano*（全集）, Estudio preliminar y selección de textos de Edmundo O'Gorman（México, Universidad Nacional Autónoma de México）
▶アレナス、レイナルド、1989：『めくるめく世界』鼓直／杉山晃訳（国書刊行会）
▶エイゼンシュテイン、セルゲイ、1986：『メキシコ万歳！——未完の映画シンフォニー——』中本信幸訳（現代企画室）
▶——監督（DVD）、2000：『メキシコ万歳』（アイ・ヴィー・シー）
▶鶴見俊輔、1976：『グアダルーペの聖母』（筑摩書房）
▶若桑みどり、2008：『聖母像の到来』（青土社）

第5章

▶Morand, Paul, 2008: *Viaje a México*, Traducción y prólogo de Xavier Villaurrutia, Presentación de Sergio Téllez-Pon（México: Aldus）
▶Schütz, Eike J., 1996: *Ciudades en América Latina: Desarrollo barrial y vivienda*, Traducción de Cinthia Worschitz（Santiago de Chile: Ediciones SUR）
▶クライン、ナオミ、2011：『ショック・ドクトリン——惨事便乗型資本主義の正体を暴く』上下、幾島幸子、村上由見子訳（岩波書店）
▶ソルニット、レベッカ、2010：『災害ユートピア——なぜそのとき特別な共同体

第2章

▶Gamio, Manuel, 1992: *Forjando patria*（祖国を鍛造する）(México, Porrúa)

▶López Luján, Leonardo & Colin McEwan (coordinador), 2010: *Moctezuma II: Tiempo y destino de un gobernante* (Máxico: Instituto Nacional de Antropología e Historia)

▶Matos Moctezuma, Eduardo (coordinador), 1999: *Excavaciones en la catedral y el sagrario metropolitanos: Programa de arqueología urbana* (México: Instituto Nacional de Antropología e Historia)

▶——, 2003: *Vida, pasión y muerte de Tenochtitlan* (México: FCE)

▶Monsiváis, Carlos, 2005: "Prólogo" a Reyes (2005), pp. 7-65.

▶Reyes, Alfonso, 1956: *Obras Completas, Tomo IV: Simpatías y diferencias* (1921): "La musa de la Geografía" (¿1919?), pp. 70-73; "La poesía del Archivo"（古文書館のポエジー）(¿1919?), pp. 74-77.

▶——, 2005: *México*, coord. de Carlos Fuentes, pról. de Carlos Monsiváis (México: FCE / Cátedra A. R. del Tecnológico de Monterrey)

▶青木利夫、2015:『20世紀メキシコにおける農村教育の社会史——農村学校をめぐる国家と教師と共同体』（渓水社）

▶落合一泰、1996:「文化間性差、先住民文明、ディスタンクシオン：近代メキシコにおける文化的自画像の生産と消費」（『民族学研究』61巻1号、52-80ページ）

▶梶井基次郎、1967:「桜の樹の下には」『檸檬』（新潮文庫）

▶田中純、2007:『都市の詩学——場所の記憶と徴候』（東京大学出版会）

第3章

▶Fuentes, Carlos, 2005: *Los 68: París, Praga, México* (Barcelona, Random House Mondadori)

▶Poniatowska, Elena, 1971: *La noche de Tlatelolco: Testimonios de historia oral*, México, ERA〔エレナ・ポニアトウスカ『トラテロルコの夜：メキシコの1968年』北條ゆかり訳（藤原書店、2005）〕

▶Taibo, Paco Ignacio, II, 2006: *68*, Prólogo Elena Poniatowska, Madrid: Traficantes de Sueños

▶安藤哲行、2011:「メキシコ現代文学」（初出1998）『現代ラテンアメリカ文学併走：ブームからポスト・ボラーニョまで』（松籟社）、11-26ページ。

▶カステジャノス、ロサリオ、2005:「トラテロルコを心に刻んで」ポニアトウスカ、前掲書、288-290ページ。

▶カーランスキー、マーク、2006:『1968——世界が揺れた年』上下、来住道子訳、

引用・参考文献一覧

引用文献は初出の章にのみ記す。また、本文に引用したもののうち邦訳のあるものについては、断りのない限り邦訳からの引用。

プロローグ

▶BBC Culture, 2014: "Ten of the world's most beautiful bookshops"
(http://www.bbc.com/culture/story/20140327-worlds-most-beautiful-bookshops)

▶García Bermejo, Carmen, 2014: "Las grandes salas de cine en Paseo de la Reforma, ya son sólo un recuerdo", El financiero, 24/03/2014
(http://www.elfinanciero.com.mx/after-office/las-grandes-salas-de-cine-en-paseo-de-la-reforma-habitan-solo-la-memoria)

▶Reyes, Alfonso, 2008: *Visión de Anáhuac (1519)*（『アナワクの眺め（1519）』二言語版、柳原孝敦訳）(Monterrey, Universidad Autónoma de Nuevo León)

▶野谷文昭、2003：『マジカル・ラテン・ミステリー・ツアー』（五柳書院）

▶ボラーニョ、ロベルト、2010：『野生の探偵たち』上下、柳原孝敦、松本健二訳（白水社）

第1章

▶Barbuena, Bernardo de, 1989: *Grandeza mejicana*（メキシコの偉大さ）, Colección Clásicos Jaliscienses 1 (Gobierno del Estado de Jalisco / Unidad Editorial)

▶Fuentes, Carlos, 2008: *La región más transparente*, Edición conmemorativa (Madrid: Real Academia Española / Asociación de Academias de la Lengua Española)〔カルロス・フエンテス『澄みわたる大地』寺尾隆吉訳（現代企画室、2012）〕

▶Prieto, Guillermo, 1993: "Ojeada al centro de México"（メヒコ中心街一瞥）, *Obras completas II: Cuadros de costumbres 1* (México: CONACULTA), pp. 96-99. (El siglo XIX, 13 de marzo de 1842, p.3)

▶カルペンティエール、アレホ、2001：『春の祭典』柳原孝敦訳（国書刊行会）

▶ディーアス・デル・カスティーリョ、ベルナール、1986：『大航海時代叢書エクストラ・シリーズIII　メキシコ征服記一』小林一宏訳（岩波書店）

▶ベーコン、フランシス、2003：『ニュー・アトランティス』川西進訳（岩波文庫）

▶増田義郎、1989：『新世界のユートピア』（中公文庫）

▶モア、トマス、1957：『ユートピア』平井正穂訳（岩波文庫）

柳原孝敦（やなぎはら・たかあつ）

一九六三年鹿児島県名瀬市（現・奄美市）生まれ。東京外国語大学大学院博士後期課程満期退学。博士（文学）。現在、東京大学大学院人文社会系研究科教授。著書に『ラテンアメリカ主義のレトリック』（エディマン／新宿書房、二〇〇七）、『映画に学ぶスペイン語』（東洋書店、二〇一〇）。訳書にアレホ・カルペンティエール『春の祭典』（国書刊行会、二〇〇一）、フィデル・カストロ『チェ・ゲバラの記憶』（監訳、トランスワールドジャパン、二〇〇八）、ロベルト・ボラーニョ『野生の探偵たち』（共訳、白水社、二〇一〇）、『第三帝国』（白水社、二〇一六）、カルロス・バルマセーダ『ブエノスアイレス食堂』（白水社、二〇一一）、セサル・アイラ『文学会議』（新潮社、二〇一五）、ファン・ガブリエル・バスケス『物が落ちる音』（松籟社、二〇一六）ほか多数。

■テクストとしての都市

メキシコＤＦ

二〇一九年一一月一一日　初版第一刷発行

著者　柳原孝敦
発行者　林佳世子
発行所　東京外国語大学出版会
東京都府中市朝日町三―一一―一
郵便番号　一八三―八五三四
電話番号　〇四二―三三〇―五五五九
ＦＡＸ番号　〇四二―三三〇―五一九九
E-mail　tufspub@tufs.ac.jp
装丁者　桂川潤
印刷・製本　シナノ印刷株式会社

ISBN978－4－904575－78－9

テクストとしての都市

街はひとつのテクストである。――ときにはまばゆい栄華の残照、ときには血煙と干《かん》戈《か》の響き、あるいはかすかな死者の呻き、それとも挫けぬ敗者の瞋《しん》恚《い》。たくさんの生死が重なり、数え切れない悲喜劇があった。ただ、たとえ街の相貌が塗り替えられても、小路の名が差し替えられても、そこに生きた人々の痕跡を根こそぎ消し去ることはできない。小さな傷あとに目を凝らし、かすかな証言に息をひそめさえすれば、きみも都市の迷路に分けいられるはずだ。いにしえの賢者が削っては書き、削っては書きして、いつしか作った多層的な写本《パリンプセスト》のように、都市の記憶を読んでみよう。その読解のために、本シリーズはきっと手《て》練《だ》れの案内人となるはずだ。